中国旅游业与农业耦合发展实证研究

周丽丽 著

中国财经出版传媒集团
经济科学出版社
Economic Science Press

图书在版编目（CIP）数据

中国旅游业与农业耦合发展实证研究／周丽丽著.
—北京：经济科学出版社，2019.10
ISBN 978-7-5218-0957-2

Ⅰ.①中… Ⅱ.①周… Ⅲ.①旅游业发展－关系－农业发展－研究－中国 Ⅳ.①F592.3②F323

中国版本图书馆 CIP 数据核字（2019）第 210971 号

责任编辑：白留杰 刘殿和
责任校对：隗立娜
责任印制：李 鹏

中国旅游业与农业耦合发展实证研究
周丽丽 著
经济科学出版社出版、发行 新华书店经销
社址：北京市海淀区阜成路甲 28 号 邮编：100142
教材分社电话：010-88191355 发行部电话：010-88191522
网址：www.esp.com.cn
电子邮件：bailiujie518@126.com
天猫网店：经济科学出版社旗舰店
网址：http://jjkxcbs.tmall.com
北京密兴印刷有限公司印装
710×1000 16 开 12 印张 210000 字
2019 年 10 月第 1 版 2019 年 10 月第 1 次印刷
ISBN 978-7-5218-0957-2 定价：42.00 元
（图书出现印装问题，本社负责调换。电话：010-88191510）
（版权所有 侵权必究 打击盗版 举报热线：010-88191661
QQ：2242791300 营销中心电话：010-88191537
电子邮箱：dbts@esp.com.cn）

前　言

在旅游消费需求升级的驱动下，中国旅游产业已呈现出旅游市场细分化、旅游方式自由化和旅游产品多元化的发展趋势，与其他产业的融合发展已成为解决目前旅游产业发展瓶颈的重要途径和选择。中共中央、国务院高度重视旅游业与农业融合发展，颁布一系列鼓励农旅发展政策，为旅游业与农业的耦合协调发展提供重要保障。同时，党的十九大召开，以习近平同志为核心的党中央深入贯彻"美丽乡村"建设，聚焦农村发展问题，为农村发展寻找真正适合且高效的方法路径。为此，中央对中国特色社会主义乡村振兴道路进行长远布局：乡村发展离不开产业融合，旅游业与农业耦合协调发展成为必然趋势。

首先，本书在梳理旅游业与农业耦合的理论基础与相关文献基础上，从市场规模、投资、发展模式及扶贫效果四方面分析中国旅游业与农业耦合发展取得的进展，并定性分析旅游业与农业耦合发展中存在问题以及影响两者耦合发展的有利因素与不利因素。

其次，基于规模、结构、成长、效率四个准则，建立旅游业与农业协调发展水平评价体系，运用层次分析法确立各评价指标权重，并构建耦合模型定量研究中国旅游业与农业协调发展水平。实证分析结果：（1）1995~2017年，中国旅游业发展呈现不断上升趋势，中国农业发展趋势波动性较大，总体上呈现先上升后下降的趋势。（2）1995~2017年，中国旅游业与农业耦合协调发展水平总体呈上升趋势，但效果得分一直在较低的区间内波动，还有很大上升空间。（3）中国旅游业与农业耦合程度呈现从失调到协调上升趋势，但其协调水平仍处于中低水平。

再次，以湖北省为例，阐述旅游业与农业耦合发展取得的进展并剖析湖北省农业旅游发展的有利因素与不利因素，在此基础上，从经济发展、投资、就业三方面，运用向量自回归模型对旅游业与农业之间动态关系进行实证分析，并构建湖北省旅游业与农业耦合模型评价体系进行研究，得到如下结论：（1）湖北省旅游业与农业发展、投资与就业都具备持续影响效应。脉冲响应分析和方差分解结果表明在当期赋予变量冲击的影响可以持续十年。（2）湖北省农业发展对旅游业发展存在滞后效应，旅游业发展前期对农业产生负效应。（3）湖北省农业投资对旅游业影响程度大于旅游业投资对农业的影响，且影响持续时间较长，两者之间相互影响程度差距较大。（4）旅游业和农业就业相互影响关系不对称。湖北省旅游业就业对农业就业影响持续时间长，效果显著，但农业就业对旅游业的影响持续时间短，效果也不明显。（5）湖北省旅游业与农业耦合水平整体而言趋于协调，从无序向有序方向发展。

最后，针对中国旅游业与农业耦合的问题、不利因素与实证分析结果，提出促进中国旅游业与农业耦合进一步发展的思路与对策，完善农业旅游发展政策环境，加强经济基础设施建设，加大乡村地区文化资源保护力度，改善相关从业人员就业环境，促进资源环境保护与整合，构建技术人才培养机制，促进旅游业与农业耦合协调发展。

周丽丽
2019 年 9 月

目 录

第1章 绪论 ………………………………………………………………… 1
  1.1 研究背景 …………………………………………………………… 1
  1.2 研究意义 …………………………………………………………… 8
  1.3 主要内容与方法 …………………………………………………… 11
  1.4 创新与不足 ………………………………………………………… 13

第2章 理论基础与文献综述 …………………………………………… 15
  2.1 相关概念界定 ……………………………………………………… 15
  2.2 相关理论基础 ……………………………………………………… 19
  2.3 国内外相关文献综述 ……………………………………………… 41

第3章 旅游业与农业耦合发展现状及影响因素分析 ………………… 57
  3.1 旅游业与农业耦合发展取得的进展 ……………………………… 57
  3.2 旅游业与农业耦合发展存在的问题 ……………………………… 62
  3.3 旅游业与农业耦合发展的有利因素 ……………………………… 68
  3.4 旅游业与农业耦合发展的不利因素 ……………………………… 77

第4章 旅游业与农业协调发展水平评价的耦合实证分析 …………… 86
  4.1 旅游业与农业协调发展水平评价指标体系思路及原则 ………… 86
  4.2 旅游业与农业协调发展水平评价指标体系构建 ………………… 90
  4.3 旅游业与农业协调发展水平的耦合分析 ………………………… 100
  4.4 本章小结 …………………………………………………………… 115

第5章 旅游业与农业耦合动态发展水平实证研究——以湖北省为例 … 117
  5.1 湖北省旅游业与农业耦合发展取得的进展 ……………………… 117
  5.2 湖北省旅游业与农业耦合发展的有利因素 ……………………… 119
  5.3 湖北省旅游业与农业耦合发展的不利因素 ……………………… 123

5.4　基于 VAR 模型的湖北省旅游业与农业耦合发展动态关系实证
　　　　研究……………………………………………………………… 127
　　5.5　湖北省旅游业与农业耦合发展水平实证分析………………… 142
　　5.6　本章小结………………………………………………………… 149
第 6 章　促进旅游业与农业耦合进一步发展的思路及对策………… 151
　　6.1　促进旅游业与农业耦合进一步发展的总体思路……………… 151
　　6.2　促进旅游业与农业耦合进一步发展的对策…………………… 154

附录………………………………………………………………………… 162
参考文献…………………………………………………………………… 168

第1章 绪 论

1.1 研究背景

随着中国综合国力的增强和政策的支持,旅游业在推动经济增长中发挥的作用日益明显。根据世界旅游组织发布的2018年旅游亮点报告显示,2017年全球国际游客数量增长较快,中国游客出境旅游消费达2577亿美元,继续保持世界第一[①],中国旅游业在世界旅游发展中发挥着越来越重要的作用。2017年,我国国内游客人数超过50亿,旅游总收入超过51278亿元,旅游业对促进经济发展有着不可忽略的贡献,成为拉动经济增长新引擎。近年来,传统旅游观光业发展逐渐陷入瓶颈,旅游景点观光已经不能满足人们不断变化的旅游需求,要想使旅游业重新迸发生机与活力,必须为之注入新的经济增长点,创新推动旅游业与农业的深入耦合成为一大发展亮点。自2015年起,中共中央、国务院高度重视旅游业与农业产业融合情况,颁布一系列鼓励农业旅游发展政策,其后更是在每一年的中央一号文件中出台有关农村土地流转、种植业发展、创意产业园建设、媒体推介活动等的相关指导意见,为旅游业与农业的耦合发展提供重要保障。

习近平总书记曾在出访东南亚以及中亚各国后,为促进区域内各国共同发展,创造性地提出陆上及海上"丝绸之路经济带"的重要构想,并形成为国际社会共同关注和认可的"一带一路"倡议。2017年5月,农业部和国家发展改革委等有关部门联合发布《共同推进"一带一路"建设农业合作愿景与行动》,得到陕西、甘肃、海南等地的积极实践。全国各地不断涌现出休

---

① 世界旅游组织. 2018年旅游亮点报告[R/OL]. https://www.useit.com.cn/thread-20894-1-1.html.

闲农业、乡村旅游精品工程，掀起旅游业与农业耦合的发展潮流，一定程度上助推了农业格局的整合与优化。

2019年3月，中共中央办公厅、国务院办公厅转发了《中央农办、农业农村部、国家发展改革委关于深入学习浙江"千村示范、万村整治"工程经验 扎实推进农村人居环境整治工作的报告》，呼吁全国各地积极实践习近平总书记关于"千村整治、万村示范"的重要指示，不断学习、推广浙江关于乡村人居环境整治工作的重点经验和有效措施，打造生态宜居的美丽乡村。"千村示范、万村整治"工程不仅使浙江农村生态环境面貌得到了翻天覆地的变化，还造就了全国万千美丽乡村，为乡村振兴战略添砖加瓦。党的十九大后，以习近平同志为核心的党中央深入贯彻"美丽中国"建设，聚焦农村发展问题，为农村发展寻找真正适合且高效的方法路径。为此，中央对中国特色社会主义乡村振兴道路进行了长远布局：乡村发展离不开产业融合，促进旅游业与农业的耦合成为一大必然趋势。

1.1.1 经济形势转变

自1978年至今，中国经济发展速度一直维持较高水平。根据《中国统计年鉴（2018）》最新数据显示，1979~2017年中国国民生产总值平均增长速度达9.5%；对外开放发展速度较快，平均每年进出口贸易总额增速达18.6%。2000~2017年国内生产总值见图1-1。2000~2017年三次产业贡献率见图1-2。

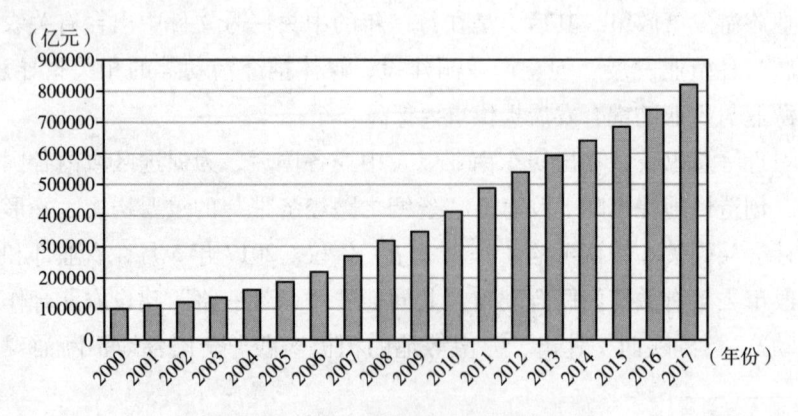

图1-1 2000~2017年国内生产总值

资料来源：中国统计年鉴（2018）.

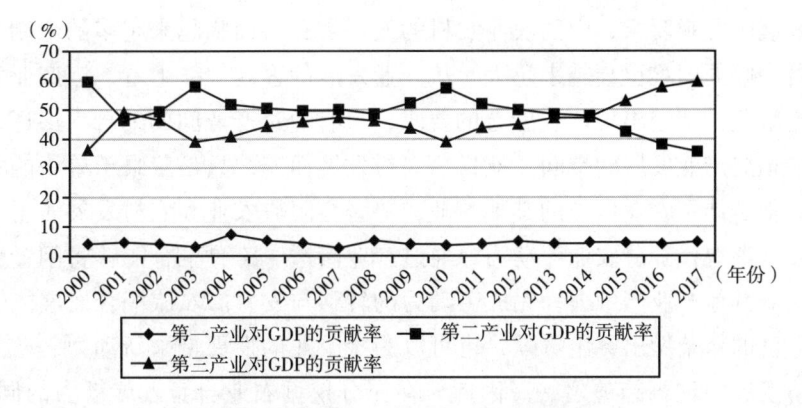

图 1-2　2000~2017 年三次产业贡献率

资料来源：中国统计年鉴（2018）.

纵观全局，第三产业对国民生产总值的贡献率不断提高，逐渐超过第二产业成为驱动国民经济快速发展的重要引擎。具体来看，三大产业的占比结构有所改善，无论科技水平还是教育水平都有一定提高，对外开放规模日益扩大，生产力发展较快，人民生活水平有很大提高，休闲旅游需求激增。

国家经济水平的提高有效促进休闲产业的发展。据 WTO① 研究结果表明，人均 GDP 超过 1000 美元时，旅游观光需求增长迅速；人均 GDP 超过 2000 美元时，个性化旅游需求逐渐出现；当人均 GDP 达到 5000 美元时，人们对休闲度假的需求就会普遍产生。2010~2015 年中国人均 GDP 增长情况见图 1-3，人均 GDP 自 2011 年突破 5000 美元开始意味着中国休闲旅游度假逐渐大众化，农业旅游即将成为中国经济新的增长点。

然而，经济的快速发展也带来一系列新问题。经济规模的扩大一定程度上提高了国内就业人数，但全社会失业率并没有因此下降，农村剩余劳动力就业依然不稳定，高流动性使得社会潜在不稳定因素有增加趋势；城乡收入差距继续扩大（见图 1-4），乡村发展落后，农业农村的发展空间和潜力有待进一步挖掘。近年来中国农业经营者承受着种植成本不断抬升、产品价格下压的双重压力，面临着农业产出不确定性大，价格补贴不足和资源环境枯竭恶化的三重约束，转变农业发展方式的形势十分危急。如果继续针对单一农业谈发展的思路，忽视农村经济结构的特殊性和农业跨界与其他两大产业

---

① WTO：世界旅游组织（World Tourism Organization）是联合国系统的政府间国际组织，是旅游领域的领导性国际组织。

融合发展的客观要求，中国农业农村的发展之路将面临越来越多的限制，农民脱贫增收的困难也会越来越大。从产业发展的客观规律上看，当产业发展到一定阶段，就会出现产业融合的要求，只有通过产业间的融合、渗透，才有可能拓展产业发展的空间。就目前农村发展而言，只是着眼于单一的农业发展，很少涉及农业以外的其他产业，势必会阻碍农业和农村发展。生产力的进步逐渐取代部分农业劳动力，通过产业渗透、跨界融合能够将闲置劳动力融入到其他产业当中去，完成劳动力的转移与安置。农旅耦合发展能够为农村经济的繁荣做出突出贡献，也可以为旅游业的发展带来新动力，已然成为经济发展的重要趋势之一。因此，在充分挖掘农业自身发展潜力的同时，拓宽与旅游业融合的发展空间，可以有效实现农业产量增加、农民收入增多、农村脱贫致富的终极目标。

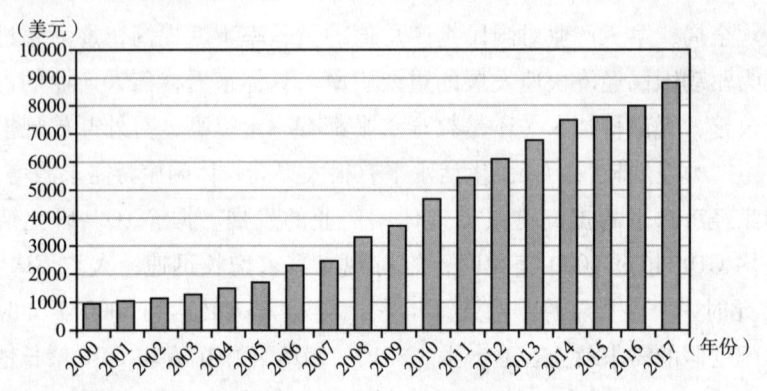

图1-3　2000~2017年中国人均GDP增长

资料来源：中经网数据库，http://db.cei.cn/page/Login.aspx.

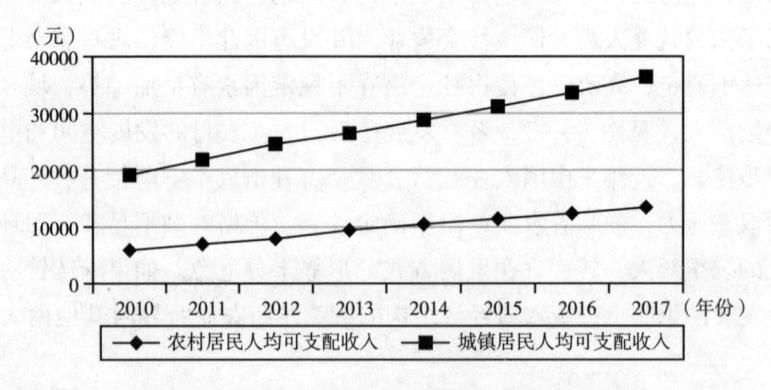

图1-4　2010~2017年城乡居民可支配收入差距

资料来源：中国统计年鉴（2018）.

1.1.2 旅游者消费需求转变

随着国民经济水平的提高和休闲时间的增加,人们的生活方式发生了巨大变化,娱乐、运动、旅游、观光等休闲方式已经成为中国居民生活中不可分割的一部分。根据国家统计局2017年旅游业数据显示,中国国内休闲出游人次达55.4亿。自2009~2018年以来,国内旅游消费总额稳步攀升,平均每年增长率保持在10%以上,显示出中国旅游消费市场的巨大生机和发展前景(见图1-5)。

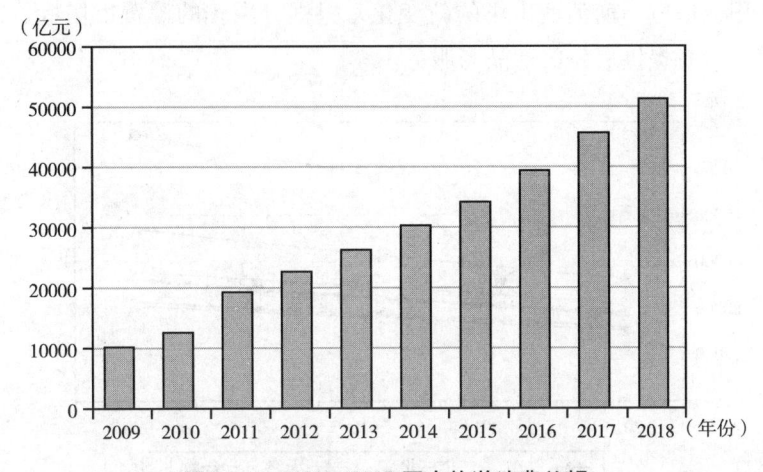

图1-5 2009~2018国内旅游消费总额

资料来源:中国统计年鉴(2018).

经济的快速发展使中国社会主要矛盾也发生变化。党的十九大明确做出"中国特色社会主义进入新时代"的重要判断,并根据时代变迁和国情变化,将新时代中国社会主要矛盾概括为"人民日益增长的美好生活需要和不平衡不充分的发展之间的矛盾"。与1956年中共八大对国内主要矛盾的概括比较来看,经济的较好较快发展已经逐渐满足人们对于物质生活的需要,也就是马斯洛需求层次理论的第一层:生理需要和安全需要,而每一层需要的满足都会带来人们对更高层次需要的向往和追求。在基本生活需要之后,人们逐渐产生了社交需求,进而要求尊重需求和自我实现需求,其重要体现之一就在于消费需求偏好的转变。

收入的不断增长极大地提升消费者的消费能力,随之带来的是消费需求和消费理念上的变化。城市化的扩展使人们开始产生近距离接触大自然、回归质朴生活、从事田园劳作活动、感受乡村特色习俗和农家生活的休闲需求，人们希望到农村天然的环境中放松自己，追求返璞归真的舒畅，感受大自然的乐趣。国内近三四年来旅游目的地最大的发展态势在于旅游重心由城市转向乡村，中国经济进入乡村振兴新时期。2018 年世界旅游组织调查显示，随着中国家庭人均收入、旅游经验的不断提高与增长（见图 1-6），游客外出旅游的主要目的地已经从原来的经济发达城市、知名景区逐步转向具有特色民风民俗的小镇和乡村。面对当前消费市场发生的深刻变革，亟须扩大旅游业与农业的耦合发展规模，增进发展深度。休闲农业企业迫切需要转换经营理念，积极适应当前消费市场的新变化，根据分层化的消费市场特点，为农业旅游消费者提供更好的产品与服务。

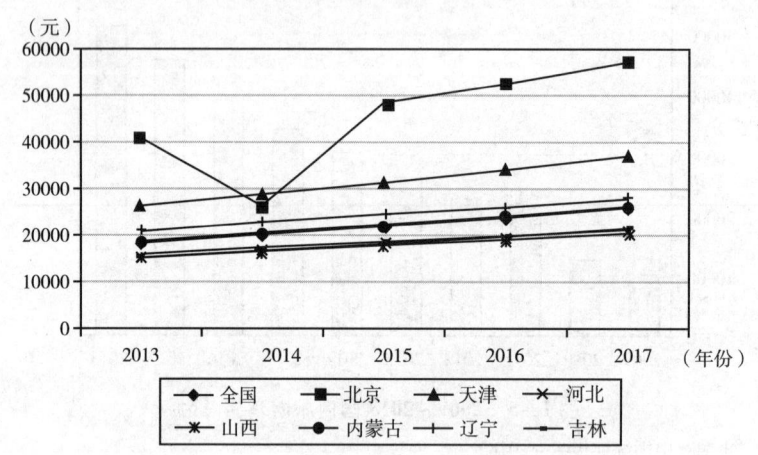

图 1-6　2013~2017 年各地区人均可支配收入

资料来源：中国统计年鉴（2018）．

1.1.3　旅游业与农业融合有待加深

旅游业具有极强的产业相关性和渗透性，并且随着旅游产业的快速发展，这种特性越发明显，旅游业与农业的耦合发展不仅有利于丰富旅游供给，满足国民日益增长的特殊旅游需求，成为旅游产业新的经济增长点，还可以推动农业产业转型，成为农业综合效益提升的重要途径，有助于农民收入的增加和乡村人居环境的改善。旅游业与农业融合的实践最早出现在一些发达国家,19世纪中期,许多国家为吸引游客,开始在农业领域发展旅游业,旅游业与农业的耦合发展雏形初现,随后德国、日本、意大利等国家相继成立专门的农旅融合发展协会。20世纪早期,随着一些旅游发达国家支持两大产业耦合发展政策的出台、企业对旅游业与农业耦合发展形式投资的增加以及参与农业旅游游客的增多,农旅耦合产业规模不断扩大,旅游业与农业之间各要素开始紧密融合。

21世纪以来,随着人们对生态环境的重视和各种高科技信息技术的广泛应用,农旅耦合方式更加多样,融合程度逐渐深入,旅游业与农业进入新兴耦合期。相比较之下,国内农旅耦合发展的形式出现较晚,"农家乐"是其在中国的发展雏形,而1991年的"上海南汇桃花节",正式揭开了中国旅游业与农业耦合发展的序幕。目前中国农村旅游业与农业两大产业融合只在部分区域和部分领域取得较好发展,总的来说仍处于初级阶段:外部投资和经营主体趋于多样化,但只是初显轮廓,与农民的利益相关不够紧密,因此农民参与不积极;区域特色逐渐凸显,但品牌和营销建设还不够完善;更加注重发展与生态环境、社会福利和文化的协调,但许多地区资源已经严重透支,许多贫困地区对农业具有的潜力认识不足,有效发展方法不多;农产品加工业得到较大发展,但资源利用率低、产品类型不丰富;政策支持逐渐增多,但更具体化切实有利推进农村三产融合的政策有待加强。

1.1.4 农村地区产业融合鼓励政策的出台

为完善现代农业发展体系,转变农业发展方式,创造就业岗位,加深旅游业与农业的耦合深度,2015~2019年,中共中央、国务院连续五年发布促进农村地区产业融合的有关政策。2017年国土资源部在关于做好农村地区产业融合发展用地保障的通知中,强调要坚持农业农村优先发展原则,落实最严格的耕地保护制度,加强农村土地用途管制,鼓励农村用地的复合利用,努力发展乡村旅游、农业教育、农事体验等产业,提高土地集约利用水平。2018年2月,农业部办公厅在关于印发《2018年种植业工作要点》的通知中提出加力推进结构调整,优化供给的改革方向,并将其细化为"种养结合,以养带种、以种促养"的指导建议。鼓励产销结合,以农民合作社和龙头企业为依托,积极发展农产品精加工处理。深入推进农旅结合,因地制宜在农产品优势产区发展农业旅游,延长产业链,提升价值链,拓宽增收链。

根据2019年中央1号文件关于推进现代农业产业园建设的部署要求，农业农村部、财政部做出2019年继续开展国家现代农业产业园（以下简称"产业园"）创建工作的决定，明确提出各地要综合考虑农业资源禀赋、特色产业发展、一二三产业融合等因素，统筹推进国家现代农业产业园建设。党的十九大提出乡村振兴战略，积极发展一二三产业融合的重要决策部署表明，促进旅游业与农业融合是新时期做好"三农"工作的重要遵循，也是促进旅游业与农业耦合发展的政策保证。

1.2 研究意义

1.2.1 理论意义

（1）丰富耦合理论。从国内外既有的研究来看，国外学者对耦合理论研究较早也相对较成熟，大多数学者侧重于对电子技术和物理领域的耦合问题进行研究，而对现代旅游业和农业发展中的耦合研究鲜有涉及。目前，旅游业与农业的耦合发展还处于初始阶段，人们对这个新兴产业的重要性和未来发展趋势的理解仍然很浅薄，在学术界进行讨论和研究是当务之急，进而建立起一个旅游业与农业耦合发展较为完整的理论体系，并进一步明确今后农旅耦合发展的产业布局和总体战略目标。此外，农旅耦合模型突破了原有的单一的农业理论模型和旅游理论模型，将两个领域的理论研究进行整合，试图从系统的角度出发，综合分析旅游业与农业之间的相互作用，大大拓展了旅游业和农业的概念和内容。本书从耦合理论入手，探讨农旅耦合认知系统。结合中国农旅耦合发展现状分析，利用耦合协调度模型对中国农旅耦合发展进行评价，极大地丰富了农旅耦合理论，为更多学者研究农旅耦合度、农旅耦合演进提供相关借鉴与参考。作为一个正在转型中的农业大国和新兴的旅游国家，中国现代旅游业和农业发展中出现的耦合现象，为分析和总结现代农旅耦合发展规律提供了良好的研究素材。本书尝试以中国旅游业和农业耦合发展为素材，运用耦合基本理论思想，对旅游业和农业的耦合发展进行理论分析与实证研究，为创新现代旅游业和农业的发展理论提供新的思路，同时，也丰富了耦合理论与方法在经济学中的应用。

（2）为旅游业与农业耦合发展提供理论参考。农业旅游作为当今关注的热点、重点，其理论研究较多、体系也比较健全，但很少有学者从耦合视角对旅游业与农业耦合进行深入地探讨。本书利用耦合理论，对中国旅游业与农业融合的发展现状进行系统研究，有助于更多新思路、新发现的获取。农业与旅游的耦合研究是一个前沿视角，是现有农业经济在旅游一体化领域的延伸。作为一个典型的新兴产业，其产生的驱动因素、相互作用机制、影响其发展的各种因素，以及在其发展过程中遇到的问题和发展规律都尚未成熟。尽管许多公司已经看到其市场潜力并开始调整和升级其产业结构，但许多公司面临着对政策把握不准、对协调机制的误解、非有序的投资、融合等问题。农旅耦合产业在初步发展的阶段所面临的此系列问题，不仅会造成大量物资和财力的消耗、企业发展的停滞、业内人员的自信心受挫，还会严重减缓中国农业旅游的前进脚步。因此，对农旅产业耦合进行深入研究，总结发展规律，理清发展思路，可以为中国农业旅游发展提供理论参考。

(3) 通过两者动态关系研究对农旅耦合发展提供实证依据。目前关于旅游业与农业耦合关系的定量化深度研究并不充分，基于数学建模对旅游业与农业耦合关系的研究较少。因此，本书试图建立旅游业与农业耦合发展的向量自回归模型，并以湖北省为例，详细分析湖北省旅游业与农业之间的长期动态关系，为之后中国旅游业与农业耦合发展的政策研究提供实证依据，探寻一条农业辅助旅游业深入发展和旅游业帮扶农业发展的道路。

1.2.2 现实意义

旅游业与农业的耦合发展将创造一种多赢的局面，正确认识旅游业和农业的耦合现状和存在的问题，是把握合理的发展方向和规模，促进旅游业和农业一体化发展的根本。因此，深入研究旅游业与农业耦合发展的问题，不仅具有深远的理论意义，还能进一步实现旅游业与农业耦合的经济、政策、环境等综合效益。

(1) 为政府制定政策提供参考价值。本书以中国农旅产业耦合发展提供政策参考为出发点，系统阐述了农旅耦合发展的现状及影响因素，深入分析农旅产业耦合发展所取得的经济效益，采用层次分析法以及耦合协调度等科学方法评价中国农旅产业耦合水平，并提出有针对性的对策，为各级政府制定健全的旅游业和农业相关发展政策提供了具有参考性的研究成果。

(2) 促进经济可持续发展。

①旅游业与农业的耦合发展是提高农业劳动生产率的有效途径。在这个产业解构和重建盛行的时代，随着产业边界的渗透和一定程度的融合，传统产业重新焕发生机。农业旅游是传统农业产业与现代旅游产业相互耦合的产物，涉及一二三产业的融合。农业旅游通过开发农业旅游资源，吸引游客前往乡村地区进行旅游活动，因此，农业发展扩展了旅游活动范围；而农业的功能也在与旅游业的融合过程中得到扩展，传统农业不再仅限于满足人民的物质生活需要，也可以满足人民的发展和享受需要，农业服务业得到优化。

②旅游业与农业的耦合过程可以增强产业发展的动力和活力，有助于激活一些衰落的产业，创造新的就业机会和收入。旅游业和农业的融合发展，使得属于农业的劳作方式、农业景观等成为可依托的旅游资源，有效地扩大可依托的旅游资源类型，促进旅游业更快更好发展。从本质上讲，旅游业和农业的结合是通过要素依赖和要素对接，实现供需优势的最佳组合。

③旅游业与农业的耦合过程可以增加系统与外界的能量交换，创造机会和市场。传统的第一产业和新兴的第三产业已经突破了产业边界，相互扩大和渗透。这一方面有利于拓展朝阳产业的发展空间，丰富朝阳产业的产业内涵；另一方面有利于改变传统产业的产业结构，增强其价值创造能力，提升其产业水平，扭转其衰退趋势。农业旅游不仅丰富了旅游活动的内容，扩大了旅游活动的范围；还使旅游业向农业延伸，扩展了农业的功能，促进农业转型升级。

(3) 促进农业旅游可持续发展。发展农业旅游，可以促进当地的环境保护，有利于促进农业可持续发展。改革开放以来，中国人民的生活水平不断提升，消费观念也发生了巨大的改变，人们不再仅仅满足于物质层面的消费，越来越多的人开始注重精神世界的富足。大部分选择农业旅游的人出于寻找纯天然的精神享受目的，他们希望能够在农业旅游目的地品尝到绿色无污染的有机食品，观赏未被工业文明侵蚀的原生态乡村风貌，游客的这些愿望可以促使农业旅游目的地减少农药和化肥的使用，同时注重对当地自然生态环境的保护。

(4) 加快农村地区脱贫致富步伐。在党的十九大报告中，习近平总书记提出乡村振兴战略，结合目前国内外多重案例，休闲农业与乡村旅游作为以乡村独特的生产模式、生活风情和自然风光为对象的一种旅游业态，可以大幅促进农民增产增收、农业的多元化经营、乡村美丽繁荣，因此休闲农业与乡村旅游成为乡村振兴的一大重要引擎。一些经济发展水平较低的乡村地区产业基础薄弱，寻求特定产业发展的动力迫在眉睫，而农业旅游的发展将会产生人员、物资、信息和资金的流动，由城市自发而持续地向农村传递，发挥旅游的乘数效应，实现经济发展的目标，成为农村地区经济发展的动力。但在农旅耦合产业发展的过程中还存在许多影响乡村脱贫致富的问题和阻碍，需要继续去探索并解决，乡村旅游扶贫任务任重而道远。

1.3 主要内容与方法

1.3.1 研究内容与框架

本书研究从三方面展开：一是定性研究中国旅游业与农业耦合发展中的问题及对策。二是利用层次分析法与耦合模型定量研究中国旅游业与农业耦合协调发展水平。三是以湖北省为例，基于VAR模型与耦合模型定量研究旅游业与农业耦合发展的动态关系。具体内容如下：

第1章绪论。绪论部分统领全书。在陈述研究的经济社会背景以及理论意义与现实意义基础上，理清思路，阐明研究框架和基本内容，最后指出可能存在的创新之处与有待完善和进一步研究之处。

第2章理论基础与文献综述。在界定旅游业、农业、系统及耦合相关概念基础上，从可持续发展理论、均衡与非均衡发展理论、产业链与产业集群理论三方面做了详细综述，最后从耦合模型测量方法、旅游业相关产业融合以及农业相关产业融合三方面进行国内外文献的梳理与述评。

第3章旅游业与农业耦合发展现状及影响因素分析。首先从农业旅游市场规模、投资、发展模式及扶贫效果四方面阐述中国旅游业与农业耦合发展取得的进展，其次分析旅游与农业耦合发展中存在耦合程度不高、发展不平衡、同质化严重、社区参与不足、未形成有效产业链等问题，最后从政策、经济、社会、文化、环境和技术方面分析影响两者耦合发展的有利因素与不利因素。

第4章旅游业与农业协调发展水平评价的耦合实证分析。基于规模、结构、成长、效率四个准则，建立旅游业与农业协调发展水平评价体系，运用层次分析法确立各评价指标的权重，并构建耦合模型评价与研究中国旅游业与农业耦合协调发展水平。实证分析结果：（1）1995~2017年，中国旅游业发展呈现不断上升趋势，中国农业发展趋势波动性较大，但总体上呈现先上升后下降的趋势。（2）1995~2017年，中国旅游业与农业耦合协调发展水平总体虽呈上升趋势，但效果得分一直在较低的区间内波动，还有很大上升空间。（3）中国旅游业与农业耦合程度虽然呈现从失调到协调上升趋势，但是其协调水平仍处于中低水平。因此，应该继续发展农业产业化经营、挖掘农业对旅游业多种支撑功能，加强旅游业多元化发展，通过中国旅游业与农业耦合发展得到经济效益和社会效益的双赢。

第5章旅游业与农业耦合动态发展水平实证研究。以湖北省为例，阐述旅游业与农业耦合发展取得的进展并剖析湖北省农业旅游发展有利因素与不利因素，在此基础上，从湖北省旅游业和农业的经济发展、投资、就业三方面，运用VAR模型对两者之间动态关系进行实证分析，并构建湖北旅游业与农业耦合模型评价体系，得到如下结论：（1）湖北省旅游业与农业发展、投资与就业都具备持续影响效应。脉冲响应分析和方差分解结果表明在当期赋予变量冲击的影响可以持续10年。（2）湖北省农业发展对旅游业发展存在滞后效应，旅游业发展前期对农业产生负效应。（3）湖北省农业投资对旅游业影响程度大于旅游业投资对农业的影响，且影响持续时间较长，但两者之间相互影响程度差距较大。（4）旅游业和农业就业相互影响关系不对称。湖北省旅游业就业对农业就业影响持续时间长，效果显著，但农业就业对旅游业的影响持续时间短，效果也不明显。（5）湖北省旅游业与农业耦合水平整体而言趋于协调，从无序向有序方向发展。1998~2017年，湖北旅游业—农业耦合度大体呈上升态势，耦合协调度先上升后下降。从耦合协调类型来看，湖北省旅游业—农业系统的耦合协调类型逐渐从中度失调发展到初级协调，从初级协调恶化至勉强协调。

第6章促进旅游业与农业耦合进一步发展的思路及对策。针对中国旅游业与农业耦合的问题、不利因素与实证分析结果，提出促进中国旅游业与农业耦合进一步发展的思路与对策，完善农业旅游发展政策环境，加强经济基础设施建设，加大乡村地区文化资源保护力度，改善相关从业人员就业环境，促进资源环境保护与整合，构建技术人才培养机制，促进旅游业与农业耦合协调发展。

1.3.2 研究方法

本书旨在研究中国旅游业与农业耦合协调的互动关系与发展水平,主要采取以下研究方法:

(1) 理论分析与实证研究相结合的方法。遵循提出问题、分析问题、解决问题的思路,在理论分析中综合运用可持续发展、地区非均衡发展与产业集群等相关理论方法,结合 AHP、耦合与计量模型,分析中国旅游业与农业耦合协调发展动态关系。

(2) 系统分析方法。旅游活动是一个由旅游客源市场、旅游目的地、旅游支持系统和旅游出游系统构成的有机整体,该整体可被视为一个系统。而旅游系统是在旅游业蓬勃发展基础上形成的活动系统。将系统理论与旅游产业发展结合,旨在研究旅游业与农业耦合协调发展。

(3) 层次分析法与耦合模型方法。基于规模、结构、成长与效率四个准则,构建旅游业与农业协调发展水平评价体系,运用层次分析法确立各评价指标权重,并运用耦合模型进行中国旅游业与农业协调发展的评价与分析。

(4) 现代计量分析方法。研究湖北省旅游业与农业耦合动态关系时,基于湖北省时间序列数据,运用 VAR 模型,从发展、投资与就业三方面分析旅游业与农业之间的短期与中长期动态关系。

1.4 创新与不足

1.4.1 创新点

在掌握各相关理论和研究方法基础上,本书研究中国旅游业与农业耦合动态关系可能的创新之处有以下两点:

(1) 研究方法创新。一是将系统理论与旅游产业发展结合,旨在研究旅游业与农业耦合协调发展,系统分析方法侧重于在自然科学领域的研究,物理学、化学、哲学及教育学方面的研究成果较多,而在经济学、管理学方面的成果较少。二是静态研究与动态研究相结合。目前关于旅游业与农业耦合关系的定量化深度研究并不充分,基于数学建模对旅游业与农业耦合关系的研究较少。本书基于层次分析法、耦合模型、VAR 模型分析旅游业与农业协调发展的静态影响与动态联系，并以湖北省为例，创新结合耦合模型与 VAR 模型，更加系统研究旅游业与农业动静态融合的短期与中长期关系。

（2）评价指标体系创新。本书从规模指标、结构指标、成长指标、效率指标四方面出发创新选取旅游系统及农业系统相关评价指标体系，两个评价指标体系的选取具有全面性、典型性的特点。

1.4.2 不足及未来研究方向

本书研究中国旅游业与农业耦合协调发展的短期与中长期关系，仍然存在较多不足之处，这也是未来值得进一步研究的方向：

（1）数据收集未更新至最新年份。在前期数据收集中遇到很多困难，最终数据的选取截至 2017 年，由于 2019 年的统计年鉴及官方数据尚未完全更新，无法收集到 2018 年所有数据，对本书具有一定的影响。

（2）研究客观性有所欠缺。本书利用层次分析方法，从主客观两方面出发，研究旅游业与农业耦合发展水平。由于专家打分，指标权重的选取具有一定主观性，对后文耦合模型的运用具有一定影响。

（3）在以湖北省为例研究旅游业与农业耦合动态关系时，本书选取湖北省旅游业和农业三个要素的时间序列进行向量自回归分析，但在分析过程中主要对各自要素的长期动态关系进行观点阐述，缺乏对各要素间的互动联系进行对比分析。要实现中国旅游业和农业之间耦合协调发展，不仅需要促进农旅产业的融合，各产业要素间的整合协调，以及协调影响路径同样重要。

第 2 章 理论基础与文献综述

2.1 相关概念界定

2.1.1 旅游业

学术界对于旅游学研究已传承上百年，但对于"旅游业是什么"此问题的答案仍然存在争议，而争议的关键在于旅游业所涉及的范围。日本学者土井厚（1983）较早提出了关于旅游业的定义，将旅游业与旅行社业等同。随着旅游活动的扩展以及理论认知的完善，国外旅游专家和学者进一步将旅游业鉴定为一个综合性概念，是集吃、住、行于一体的集合。但在此概念内涵中没有并凸显出旅游的经济属性（前田勇，1979；唐纳德·伦德伯格，1979）。然而，旅游活动的本质是商品生产和交换的过程，旅游活动的过程就是旅游经济的运转过程，因此，随着旅游经济的发展，学术界对于旅游业的内涵又进一步延伸，认为旅游业属于经济活动范畴，并将其定义为一系列为旅游者提供物质生产资料和相关服务的企业集合（Leiper，1979）。综上可以看出，早期国外专家学者对于旅游业的定义大多从旅游供给的角度为切入点，强调旅游业是旅游供给者行业的集合，而忽略了旅游市场需求的本质。中国旅游学界对于旅游业此概念的评判也不尽一致。谢彦君（1999）认为，旅游业范围确定的本质是对旅游产品的定义把握，他根据旅游产品形态和价值将其划分为核心旅游产品和组合旅游产品，依托旅游产品所涉及的范围，将旅游业划分为狭义和广义两个层面。在谢彦君对旅游业分类的基础上，郑向敏和宋子千（2001）按照旅游产品和服务与旅游活动的相关程度，把旅游相关行业和旅游基本行业鉴定为狭义旅游业，间接旅游相关行业主要对应"泛旅游业"的概念。与上述观点不同，申葆嘉（2007）认为，中国旅游业是以住宿、餐饮、旅行社以及主题公园为主要支撑的接待业的集合体,是为了满足旅游者不同需求的业务群体,既不是一个实体行业,也不涉及生产性质,其经济特征过于明显,缺乏将旅游相关要素纳入旅游业体系的能力,是"小范围"的旅游业。以上对于旅游业概念的鉴定,无论是"小范围"、还是"二分法"① 或者"三分法②",都是从旅游供给的角度出发,李天元(2014)则认为,旅游所涉及的庞大范围是由旅游业自身特征所决定的,从需求视角将旅游业定义为旅游所涉及的相关产业的集合。

对于旅游业而言,无论是"三大支柱说"③ "五大部门说"④ "六要素说"⑤ 还是"二分法""三分法",争议的根源在于旅游活动涉及多样化、复杂化的相关产业,边界不明确,进而导致对于旅游产品缺乏清晰的划分依据,所以在概念鉴定时,不能确切地指出哪些属于旅游活动,哪些属于旅游产品,也就无法给出明确的旅游业的定义。因此,关于旅游业的概念,无论是需求视角抑或是供给视角,需要明确的是,旅游业是具有经济属性的众多行业的集合体,至于集合体具体的范围,则需要根据旅游产品和旅游活动所涉及的内容而定。

2.1.2 农业

农业是一种遵循动植物自然生长方式,以及通过人工培育来实现生产活动的产业。农业属于第一产业,是国民经济发展的基础和保障。农业有广义和狭义之分,人们通常所指的种植业或农作物栽培业是一种狭义的农业概念,广义的农业除了种植业以外,还包含林业、渔业、畜牧业等。中国农业不断地发展、进步、逐渐走向现代化。中国农业伴随着历史的脚步不断演变,已由初期的原始农业,以及以手工业为主的传统农业不断发展成高产、高效、优质低耗的现代化农业。目前学者对现代农业的解读和理解并不完全

---

① 世界旅游组织(1995)建议用"旅游活动国际标准分类(SICTA)"将旅游活动划分为完全属于旅游业的产业部门和部分涉及旅游业的部门两种情况。
② 世界旅游组织等建议的《旅游卫星账户:推荐方法框架》按照与旅游活动的关联程度将旅游业分为旅游特征产业、旅游相关产业和其他产业。
③ 根据联合国《国际标准产业分类》旅游业主要由旅行社行业、交通客运业和住宿业构成。
④ 20世纪80年代旅游学界的主流观点认为,旅游业应由旅行业务组织部门、目的地旅游组织部门、交通运输部门、住宿接待部门和游览场所经营部门组成。
⑤ 在中国旅游理论界,比较流行把旅游者消费的食、住、行、游、娱、购产品称为旅游"六要素"。

一致，但都认为中国农业不断地突出以科学改善劳动方式、以技术武装生产工具、以现代管理理论指导农业经营的特点，进而使得农业在土地、资源方面的利用率得到大幅度提升，劳动效率和产品商品率整体也在不断上升。农业在发展进程中产业结构不断优化，科学化、商品化、集约化等特征越来越显著，回顾中国农业发展的整个历程，中国农业不断地在追求经济效益、社会效益和生态效益的统一。随着农业的现代化发展，主要存在以下几种农业形式。①

表 2-1　　　　　　　　　　　农业的演变

名称	概念界定
原始农业	原始农业指的是从事简单农事活动的农业，使用的是比较简单的生产工具，如石头打造的器具、木棒等。农事活动效率低，很大程度上受天气、土壤等原始自然条件的影响（严文明，2016）
传统农业	传统农业指的是以手工劳动方式为主的农业，根据历史传承下来的耕耘经验、方法、技术发展农业。相比原始农业而言，生产工具更加多样化，利用畜力、铁器等提升农业效率，创造自给自足的自然经济（王明霞，2019）
现代农业	现代农业指的是相比传统农业而言，在多样生产工具的基础之上，广泛的应用科学技术、采用现代科学的管理方法的农业（黄华康，2019）
有机农业	有机农业指的是遵循可持续发展的原则，采用科学、规范的农业技术来维持农业生产体系稳定的农业。有机农业不使用饲料添加剂、生长剂等化学合成的物质，拒绝对基因工程相关产物的使用，严格依照有机农业的生产标准和原则、遵循生态的自然发展规律（刘晓梅等，2016）
生态农业	生态农业指的是一种集约化经营的农业形式，生态农业遵循生态经济学的规律，应用系统的技术和方法来实现改善农业生态环境以及保护农业生态环境的目标（王建波，2019）
观光农业	观光农业指的是以农业为载体，实现农业与旅游元素的融合，具有观光、体验、娱乐等功能的一种新型的生态旅游业（隋友华，2017）
精准农业	精准农业指的是通过高效利用各种农业资源来降低投入，提高收入，即希望取得最大经济效益、社会效益的农业。精准农业一方面依据作物的生长状况来调节投入方案，另一方面为作物进行系统性的诊断，并为其设计特定的配方、技术、管理方法以达到既定的生产目标（方向明，2018）
能源农业	能源农业也称为"绿色农业"，其作物的燃烧相比矿物质而言，对环境污染更小。能源农业的主要开发对象是生物质，通过生化和物化转换以及自然燃烧等方式有效地利用生物能源（秦海生，2012）

---

① 孟建军. 现代农业新概念 [M]. 北京：中国农业出版社，2010.

2.1.3 系统

"系统"一词起源于古希腊文,其拉丁语 systema 由"共同"(syn)和"设置"(histanai)组合而成,意为集合的意思,表示部分构成整体。在古希腊哲学家德谟克利特的哲学著作中,首次对该词进行了使用。

在系统概念的界定方面,从生物学角度看,贝塔朗菲(1987)对系统的定义为,系统是由相互联结、相互作用的组成部分构成,并在此基础上形成的复合体。从物理学角度看,中国科学家钱学森(1978)认为,系统是由相互关联、相互作用的组成部分形成的整体,同时该整体又是更大系统的组成部分。从管理学角度看,中国学者吴庆州(2017)将系统定义为,为达到某种目的,而由一系列相互联系、相互作用的元素,在某一环境中,按照一定的结构所形成的集合体。林海涛(2017)认为,系统是由互相联系、互相作用的成分连接成的,具有某种特定用途的有机体。从旅游学角度看,吴必虎(1998)认为,旅游活动是一个由旅游客源市场、旅游目的地、旅游支持系统和旅游出游系统构成的有机整体,该整体可被视为一个系统。吴晋峰(2001)强调,旅游系统是在旅游业蓬勃发展的基础上形成的活动系统,该系统由旅游媒介、旅游客源地及目的地三部分构成。

以上概念基本涵盖了三个方面:一是元素,即系统的组成成分。系统与元素之间相互依存,如果没有系统的存在,元素就无从谈起,如果没有元素,也就无法构成系统;在一定条件下,两者又可以相互转化。在更大一级的系统中,原有的系统便转化为要素,在更小一级的系统中,原有系统的要素便转化为系统。二是结构,即系统内各元素之间的组合方式。系统内各元素之间是有联系的,并以其自身特有的方式进行组合,且其组合的方式是有规律的。三是功能,即系统与外部环境相互联系所产生的结果。功能与结构有机统一,在一定程度上,功能是结构的产物和外部表现,结构是功能的决定因素和内部属性。

在系统的模型方面,系统一般包含四个要素,分别为输入、处理、输出和反馈。其中,输入指的是系统为实现其目的需处理的内容;处理指的是针对输入的内容所进行的加工和处理;输出指的是系统处理后所得到的结果;反馈指的是将输出的结果重新返回到输入中去(见图 2-1)。

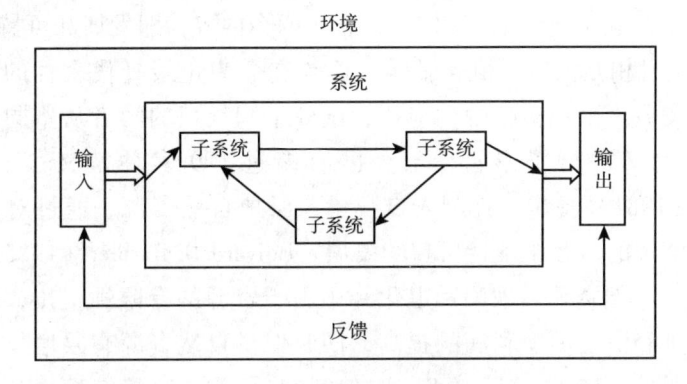

图 2-1 系统的一般模型

2.1.4 耦合

耦合最初是由物理学领域研究中提出的概念，是用来描述两个或两个以上的电路元件的输入或输出之间具有相互配合与彼此紧密配合联系的关系，并从一侧向另一侧传输能量的现象。

耦合现引申到其他学科领域，用来形容有关系的两个或两个以上的系统或运动形式间存在相互作用、彼此影响以产生联合的动态机制，在此机制中，各子系统通过良性互动的途径，产生紧密的依赖联系并互相影响，最终促进各子系统共同发展，由无序向有序状态推进的现象圈。

从社会科学角度上说，耦合是指社会科学中的两个系统，在一定条件下相互作用，使两者能够利用相互之间的关系互相影响的客观现象。比如，旅游与文化的耦合、旅游与体育的耦合的耦合、旅游与生态的耦合等。这些不同体系的耦合不是简单的叠加现象，更是一个复杂的相互协调的过程。

2.2 相关理论基础

2.2.1 可持续发展理论

1987 年，世界环境与发展委员会（WCED）发表的《我们的共同未来》一文，将可持续发展定义为，在够满足当代人需要的同时，又不危害子孙后代满足需要的能力的发展。该定义包含了两个内容，即发展和可持续性，两者互为前提且相互依赖、相互影响，这是迄今为止最具代表性的定义。随着可持续发展理论在实际中的应用，国外不同领域的学者从不同的角度对可持续发展又进行了丰富，至今已有超过 100 多种定义，比如 Lester R. Brown（1981）提出，控制人口数量、保护自然资源、通过对再生能源和可替代资源的途径来维持可持续发展。Edivard B. Barbier（1985）在其著作《经济、自然资源：缺陷和退化》中出于资源的有限性提出，可持续发展是为促进经济发展净利润的提高，同时保持自然资源有限增长和自然资源供给的质量。Jamm Gustare Spath（1989）认为，可持续发展就是使用清洁的能源和清洁的技术尽可能地减少排放或者实现零排放，实现清洁生产和清洁工艺，在生产过程中尽可能减少能源和其他自然资源的投入和消耗。D. Pearce（1993）认为，可持续发展是不能减少子孙后代实际福利收入的发展。

世界旅游组织（WTO，1993）强调旅游的可持续是在满足人们对经济、社会和审美的需要、维持文化完整性、保持生态健康的同时又能给后代留下同样的机会来维持生计。可持续旅游发展宪章（1995）指出，旅游在发展过程中要与自然环境、文化环境以及人类生存的环境构成一个整体，良性协调发展。Hughes（1995）认为，要实现旅游可持续发展，重要的是从道德层面来接受这个理念，然而并没有对其定义做出明确界定。Inskeep E.（1991）认为，可持续旅游是在满足旅游者和当地需求的同时、保障未来利用的机会，并支持当地社区居民生计；Bramwell 和 Lane（1994）强调旅游可持续是降低旅游者、生态环境、社区居民以及旅游相关产业之间的矛盾和冲突，实现旅游业长期稳定的发展，保持自然和人文资源质量的一种积极的方法。Savage（2004）等认为，必须以全面的观点来理解旅游的可持续性，关键是要保持目的地的原真性以避免被全球化和现代化；Tang（2011）等从低碳旅游的角度出发，主张通过科学技术的提升来实现节能减排，从而使游客获得高质量旅游经历，同时也保证社会经济环境效益。

从以上定义来看，无论是可持续发展还是旅游可持续发展，都强调以公平性、持续性、共同性为基础，合理利用自然资源，平衡保护和利用的关系，反映了人与自然环境之间的关系，体现了人类对环境的尊重及发展的理念。

现有的可持续发展理论主要来自相关学者的研究和联合国及社会各方组

织的研究报告可持续发展的理论基础比较丰富,具有多学科交叉的特点(见表 2-2)。这些理论从不同的角度提出了可持续发展的内涵以及制约可持续发展的因素,并且不同的理论流派致力于寻求能够实现可持续的方法和途径。

表 2-2 可持续发展相关理论

理论	内容解释
经济学理论	增长的极限理论。该理论认为提出人口不断增长、消费日益提高,与资源不断减少、污染日益严重的矛盾将制约生产的增长;虽然科技能起到促进生产,但作用有限,因此生产的增长是有限的;知识经济理论。该理论充分肯定了知识的重要性,认为知识和信息技术的发展是推动是经济发展的主要动力,人类未来的发展应以知识经济作为基础来实现可持续
生态学理论	该理论认为人类发展应遵循三个定律:(1)高效,高效利用不可再生能源,对废弃物实现循环和再利用;(2)和谐,地球系统各成分之间应和谐共生,协调发展;(3)自我调节,不仅依赖于外部结构控制,更注重内部功能的完整和持续
人口承载力理论	该理论强调在特定阶段和条件下,地球系统能够承载有限的人口。地球上的人口数量和生产生活等相关活动必须在限度之内,否则将会地球系统造成影响和破坏,进而危及人类自身发展
人地系统理论	该理论认为地球上存在许多子系统,人类生活的社会是其中的一个重要组成部分,与其他子系统之间存在着相互制约和相互影响的关系
资源永续利用理论	该理论强调人类社会能否实现可持续发展主要取决于自然资源和相关能源能否永续利用。持该理论观点的人一直致力于寻找能够使自然资源得到永续利用的方法来实现可持续
外部性理论	该理论指出人类在发展过程中,只是将资源和环境当作"公共物品"来无偿使用,不考虑自然资源在经济上的产生的价值,在进行经济核算时也没有考虑将自然资源的价值和相关投入计算在内。该观点持有者寻找如何将自然资源纳入经济核算体系
财富代际公平理论	该理论认为当代人过多地使用了后代人的资源和财富,特别是自然财富,才导致了人类社会中的不可持续现象。支持该理论的人尝试寻求资源和财富在不同代际之间协调合理、公平分配的方法
三种生产理论	该理论指出地球系统中物质的流动是否通畅和良性循环是可持续的前提,他们将世界系统的物质运动分为人的生产、物资生产和环境生产,致力于如何在三大生产之间实现和谐运行和发展

(1)旅游地生命周期理论。旅游地生命周期理论由德国学者 Christaller (1963)最先提出,后来由加拿大旅游学家 R. W. Butler(1980)进行了完善,该理论认为任何一个旅游地的发展一般都经历 6 个阶段并且不同阶段具有不同特征,见表 2-3。

表 2-3　　　　　　　　　旅游地生命周期不同阶段特征

生命周期阶段	特　点
探索（exploration）	旅游者数量较少，他们不喜欢商业化旅游地，具有冒险精神，到旅游地进行"早期探险"活动
起步（involvement）	当地居民对发展呈现出积极的态度，为消费者提供服务和基础设施，通过广告宣传，旅游者数量进一步增加
发展（development）	旅游者数量增长更快，当地旅游发展繁荣，此时大部分旅游经营的权力转移到外来企业的手中
稳固（consolidation）	旅游者数量增加速度减慢
停滞（stognation）	旅游者数量达到峰值，旅游地对游客的吸引力降低
衰落或复苏（rejuvenation/decline）	旅游者被新的度假地所吸引，旅游地需要进行相关的规划与管理来维持当地的旅游发展

图 2-2 的理论模型建立以来，国外学者进行了大量实证探索，尽管在不同程度上发现实际情况与这个理论模型之间存在一些差异，但他们的研究成果都支持此理论的一般观点。国内学者对"旅游地生命周期理论"的适用性存在两种不同的态度，一种观点认为旅游地生命周期理论缺乏实际意义，由于外部环境的不确定性，该理论不能很好地反映和预测旅游地的发展规律，杨森林（1996）认为，其在理论上不能自圆其说，且缺乏有力的事实证据；阎友兵（2001）指出，"旅游地生命周期论"将"产品生命周期"简单移用到旅游领域，在实际中很难有符合该理论曲线的案例。另一种态度充分肯定该理论的意义，认为该理论能够为旅游地发展提供发展的预测框架与路径，对旅游地在不同阶段采取不同管理具有指导意义和应用价值。余书炜（1997）在《"旅游地生命周期理论"综论》一文中通过对国外旅游地发展情况及学者理论研究情况对杨森林的观点提出了相反意见，认为旅游地生命周期理论与产品生命周期理论有着本质的区别，旅游地之间的竞争对象是客源而非产品，持"旅游产品年代愈久、价值愈高、愈能吸引旅游者"这样的观点是错误的；王进等（2014）以九寨沟为案例地，基于利益相关者的角度，阐释了旅游地在不同的生命周期阶段应协调好与环境的关系来保证可持续旅游；张立生（2015）认为，该理论具有理论价值、预测价值和指导价值，并且已经得到大多数学者的认可。

（2）生态旅游承载力理论。承载力指的是一定资源环境下所能承载人口的最大值。随着资源不断紧缺、生态系统功能退化、环境破坏严重等问题的出现，承载力的内涵也在不断延伸与拓展。Park 和 Burgess（1921）首次提出生态承载力的概念,在生态学领域它是指某一条件下某种个体数量的最大值。1992年,WilliamRee等(1992)提出生态足迹的概念,后来他的博士生Wakernagel(1996)等加以完善和深入,研究出了生态承载力和生态足迹之间差距的计算方法,这就是生态足迹模型的产生。在旅游中,ColinHunter(2002)提出旅游生态足迹的概念,认为其能够反映和测量旅游地的生态消耗和生态压力。

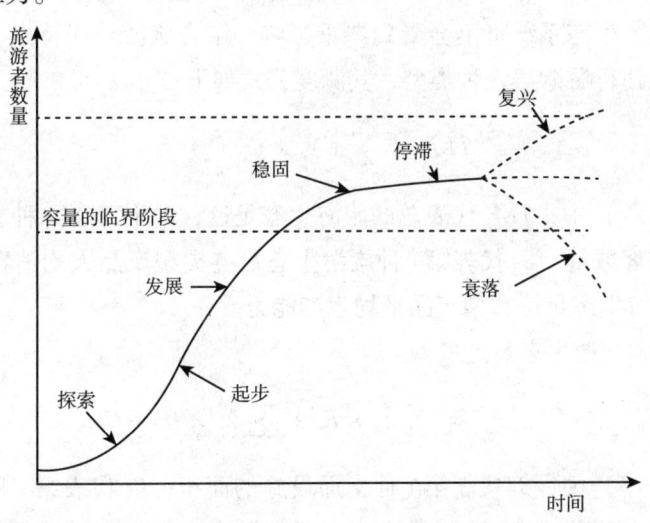

图2-2 旅游地生命周期理论模型

①生态足迹模型。生态足迹模型是计算在一定的人口数量和经济发展的规模下,能够维持资源消费和废弃物吸收所必需的生物生产土地面积的工具。由于生态足迹仅考虑了资源利用过程中经济决策对环境的影响,因此计算生态足迹应基于绝大多数人类消耗的资源和产生废弃物的数量可以确定并且能够转换成相应的生物生产土地面积。以下是该模型的计算:

$$EF = N_{ef} = N\sum aa_i = N\sum C_i/P_i \qquad (2-1)$$

式(2-1)中,i是商品交易和投入的类型;P_i是i种商品的平均生产能力;C_i是i种商品的人均消费量;aa_i是i种商品折算的人均生产土地面积;N是人口数;ef是人均生态足迹;EF是总的生态足迹。

从式(2-1)可以看出,生态足迹是人口数和人均物质消费的一个函数。总的生态足迹是人口数与人均生态足迹相乘得到,个人的生态足迹是一个人消费的各种交易商品所需要的生物生产土地面积的加总。需要说明的是，生态足迹是一个动态指标，因为人对资源利用的能力和程度是变化的。

②旅游生态足迹模型。旅游生态足迹（touristic ecological footprint，TEF）模型是在生态足迹模型的基础上进行改良的适用于定量地测量旅游地生态消耗和生态压力的模型。旅游生态足迹是指在某一区域内一定数量的旅游者活动所需要的生产性土地的面积。旅游者的相关活动只要在所处生态系统的承受限度之内，生态系统将不会受到严重影响。结合旅游消费特点，旅游生态足迹涵盖吃住行游购娱六种类型，其测度公式如下：

$$TEF = \sum (N_i \times C_i / P_i) \qquad (2-2)$$

式（2-2）中，TEF 代表总的旅游生态足迹；N_i 代表第 i 种旅游生态足迹类型的游客数量；C_i 代表第 i 种旅游生态足迹类型产品人均消费量；P_i 代表第 i 种旅游生态足迹类型产品平均生产能力。

Ⅰ. 旅游交通生态足迹模型。

$$TEF_{transport} = \sum S_i \times R_i + \sum N_j \times D_j \times C_j / r \qquad (2-3)$$

式（2-3）中，S_i 代表第 i 种交通设施的面积；R_i 代表第 i 种交通设施游客使用率；N_j 代表选择第 j 种交通工具的游客人数；D_j 代表选择第 j 种交通工具的游客平均旅行的距离；C_j 代表第 j 种交通工具单位距离所需能源人均消耗量；r 代表全球单位化石燃料生产土地面积的平均发热量。

Ⅱ. 旅游住宿生态足迹模型。

$$TEF_{accommo} = \sum (N_i \times S_i) + \sum (365 \times N_i \times K_i \times C_i / r) \qquad (2-4)$$

式（2-4）中，N_i 代表第 i 种住宿设施所拥有的床位数；S_i 代表第 i 种住宿设施每个床位所需面积；K_i 代表第 i 种住宿设施客房的年平均出租率；C_i 代表第 i 种住宿设施每个床位所需能源消耗量；R 代表全球单位化石燃料生产土地面积平均发热量。

Ⅲ. 旅游餐饮生态足迹模型。

$$TEF_{food} = \sum S + \sum (N \times D \times C_i / p_i) + \sum (N \times D \times E_j / r_j) \qquad (2-5)$$

式（2-5）中，S 为各类社会餐饮设施的建成地面积；N 代表旅游者人次数；D 代表旅游者的平均旅游天数；C_i 代表游客每日消费第 i 种食物的人均消费量；p_i 代表与第 i 种食物相对应土地的年平均生产力；E_j 代表游客每日消费第 j 种能源的人均消耗量；r_j 代表全球第 j 种能源的单位化石燃料生产土地面积平均发热量。

Ⅳ. 旅游购物生态足迹模型。

$$TEF_{shopping} = \sum S_i + \sum [(R_j/p_j) \div g_j] \qquad (2-6)$$

式（2-6）中，S_i 代表第 i 种商品生产与销售设施所需的面积；R_j 代表游客选购第 j 种旅游商品的消费支出；p_j 代表第 j 种商品当地的平均销售价格；g_j 代表第 j 种旅游商品所对应的当地土地的年平均生产力。

Ⅴ. 旅游娱乐生态足迹模型。

$$TEF_{entertainment} = \sum S_i \qquad (2-7)$$

式（2-7）中，S_i 是指第 i 类户外休闲及娱乐设施的面积。

Ⅵ. 旅游游览生态足迹模型。

$$TEF_{visiting} = \sum P_i + \sum H_i + \sum V_i \qquad (2-8)$$

式（2-8）中，P_i 代表第 i 个旅游景区内的游览步道面积；H_i 代表第 i 个旅游景区内的公路面积；V_i 代表第 i 个旅游景区内的观景空间面积。

在大众旅游兴起之后，游客出游更加频繁导致高峰期间景区拥挤，环境污染，游客满意度下降的背景下，旅游承载力被更多关注。1963 年，Lapage（1963）最先提出"旅游容量"的概念，但是没有在此基础上进行更加深入的研究；世界旅游组织在 1979 年正式将"旅游环境容量"一词带入国际的视野；A. M. O'Reilly（1986）强调，旅游环境容量的测度除了要考虑当地旅游接待能力和环境承载力，旅游者的相关活动对当地居民社会文化及习俗的冲击和影响也应同样得到重视；Chris Ryan（1991）认为，"容量"一词听起来是一个简单的概念，然而在实际测度方面往往难以确定；在此之前，大多数学者都是基于概念基础去研究相关问题，定量的研究较少。到了 21 世纪，学者们开始关注定量化测量生态旅游承载力，用以指导旅游地开发规划。Saveriades（2000）使用数学的模型方法对公园的承载力进行了研究；Steven Lawson 等（2003）为促进公园的日常管理和环境保护，使用计算机仿真模型，评估了亚科斯国际公园的旅游承载力；Simon（2004）等评估计算了亨吉斯伯里的旅游业承载力。可以看出，此时期国外学者比较关注旅游容量和旅游承载力的测量和预测评估，研究方法以定量为主并且多元化，研究取得了较大的发展。

国内学者在旅游环境承载力的概念体系和评估计算方面作了大量的研究，取得了较丰富的研究成果。崔凤军（1995）指出，空间、环境、心理以及经济承载量四部分组成了旅游环境承载力；刘玲（1998）通过建立环境承载力指标体系，对安徽黄山风景区的旅游环境承载力进行了全面系统的评估；赖明洲等（2003）通过对雪山的环境承载力进行研究和测算，认为应该根据雪峰上动植物的变化情况来对登山游客的数量进行控制；周年兴（2003）从游客角度出发构建了游客心理容量对满意度感知的影响模型，指出超过游客心理容量将会降低游客的游玩满意度；张完英（2007）等则对生态旅游承载力的概念、内涵和特征进行了深入分析；赵志友（2008）等研究出景区生态旅游承载力的计算模型和测量方法，并对九寨沟进行了实证研究；宋珂（2011）等综合旅游生态容量和空间容量，有效评估了湿地公园的生态环境承载力；彭蝶飞等（2008）通过对衡山的生态旅游环境容量进行测算，认为应使用相关策略对环境承载力进行调控，从而保证可持续发展；刘美娥等（2012）采用构建PSR评价模型，对水体生态景区环境承载力预警系统方面做出研究；孙金梅（2012）等构建了旅游环境承载力指标体系和评价模型，内容涵盖生态、社会和经济等方面。

（3）利益相关者理论。Freeman（1984）最早提出利益相关者管理理论，该理论强调企业的发展目标不仅要考虑部分主体的利益，而是要追求整体利益的最大化，各方广泛参与有利于促进实现企业目标。随后旅游领域也引入利益相关者理论并进行相关研究，事实上，在没有正式引入该理论之前，国外相关学者的研究已经涉及单个的利益相关者，研究较多的是社区居民和公众参与。Young（1973）提出旅游区域饱和水平理论，每个旅游区域都存在一个饱和水平，在饱和水平之内，旅游区域可以正常有序发展相关活动，而一旦超过旅游地的饱和点，旅游活动将会增加环境负担，使得旅游的成本高于收益，不能实现可持续；在此基础上，Doxey（1976）提出"愤怒指数模型"。Rosenow等（1979）认为在旅游地的发展与管理过程当中，应当重视公众的作用并引导公众的参与行为来实现可持续旅游。在1984年，《我们共同的未来》指出实现旅游可持续发展是困难的过程，因为在旅游发展的过程中要同时兼顾各方的利益往往很难实现，在可持续旅游的过程中要尽可能考虑到各方的利益，协调有序发展。

国内学者对旅游利益相关者的研究起始是通过对国外的相关研究进行综述，最早是由正欢和郑向敏（2006）开始的，他们通过对国外学者研究利益相关者的文献进行梳理，总结了国外在利益相关者方面的研究重点与成果，为国内的相关研究提供借鉴与基础。此后，郭华（2008）在此基础上进行了补充研究，指出在方法上，国外主要采用实证研究，研究主要集中在旅游地规划与管理、旅游生态环境的保护以及社区居民参与旅游活动的利益相关者行为等方面。宋慧晶（2011）将利益相关者划分三个层面：核心层（主要包括旅游者、居民及相关从业人员）、战略层（主要包括旅游开发商及相关企业）、外围层（主要包括政府方和一些非政府组织）。卢小丽等（2016）通过对乡村旅游地研究发现投资者对乡村旅游地影响、旅游相关投入和收益都是最大的，指出应提高居民在乡村旅游发展中的影响力和话语权，降低政府对乡村旅游的影响力。

（4）"公地悲剧"理论。加勒特·哈丁（1968）最早提出"公地悲剧"理论，指出公地资源本身具有一定的承受能力，当使用超过其承受范围时就会失去原有的性质，从而对系统造成破坏，这就是"公地理论"的最初解释。1994年，Healy（1994）在旅游领域研究中首次引入公地资源的概念，他在对高山草原进行研究时指出，当地的旅游资源取决于当地居民的耕作行为，但是随着旅游的不断发展，当地人习惯于旅游的收入而忽略了循环耕作，最终导致旅游精致失去原有性质，他的观点与哈丁相似，都指出了公地所存有的悲剧现象。国内学者对旅游地"公地悲剧"现象研究主要是案例研究，刘旺等（2007）从研究少数民族村寨在发展旅游过程中的"公地悲剧"现象，认为应该通过引导社区居民以共同利益预期，明确权责，建立激励制度，民间组织自主治理等政策来解决旅游资源和旅游环境蜕化的问题。胡北明等（2014）认为对于遗产旅游地而言，当地政府具有重要作用，可以通过对资源的保护和居民利益分配进行一定程度的干预，从而有效避免"公地悲剧"现象。持相同观点的是，保继刚（2015），孟凯（2016）等学者也认为乡村旅游地发展到一定阶段，"公地悲剧"就会出现，政府适当的干预政策有利于乡村地区的可持续。孟凯等（2018）从旅游地生命周期理论的角度进行研究发现，在不同的发展阶段，乡村旅游地"公地悲剧"表现出不同的特征，并提出在不同演化阶段应该采取不同的治理模式。

(5) 小结。在研究视角上，可持续发展涉及范围较广，涵盖许多学科视角，旅游领域的可持续研究源自可持续发展，因此也呈现出跨学科的特点，但是多学科之间交叉研究成果较少，因此，旅游可持续发展在跨学科融合方面有很大的研究空间。

就研究方法而言，国内外学者较多地进行实证研究，呈现出定量与定性相结合的趋势，从近年来的研究可以看出研究过程中采用的模型和方法逐渐丰富和多元，大多学者偏向借鉴数学经济理论和计算机技术构建模型，不可否认，这些方法和模型在问题研究中具有重要作用，但如果过分依赖于模型可能会忽略潜在的非定量因素。此外，可持续发展是动态的过程，针对同一地点的不同阶段往往具有不同的特征，所以，建议旅游可持续研究中，应注重定性与定量方法的结合，尝试用更实际的方法以此丰富旅游可持续发展的研究路径。

国内外学者对旅游可持续发展都进行了大量的研究。国外学者基于不同学科背景对旅游可持续发展概念界定较多，以概念来指导相关研究；国内学者偏向于从实际研究的角度来阐述可持续旅游的内涵。从旅游领域对其他相关理论的应用可以看出，与旅游直接相关或是出自旅游本源的理论并不多见，更多的是从其他相关领域进行借鉴和引入，这使得旅游研究的方法和理论基础呈现出形式多样、内涵丰富的特点，但是需要注意的是，其他领域的理论在旅游研究中是否总是可行的，在这方面的研究较少。因此，如何通过相关基础来衍生和发展形成旅游可持续发展理论很有必要。

2.2.2 均衡与非均衡发展理论

(1) 区域经济均衡发展理论。20世纪40年代首次出现区域经济均衡发展理论，代表性理论成果主要包括早期的新古典主义区域均衡发展理论及其他学者的相关理论成果（见表2-4）。

表2-4　　　区域经济均衡发展理论的相关理论成果及阐释

理论及提出者	内容阐释
大推动理论（罗森斯坦·罗丹，1943）	运用国内外的大规模投资推动国家各部门经济平衡发展，强调通过政府计划对能够相互补充、互为需求的产业同时进行投资，从而实现整个国民经济的全面高速增长，但是此理论存在忽视市场机制自调节、自组织作用的缺陷

续表

理论及提出者	内容阐释
贫困恶性循环理论（纳克斯，1953）	供给恶性循环（低收入—低储蓄—资本供给不足—低生产率—低收入）和需求恶性循环（低收入—低消费水平—投资需求不足—低生产率—低收入），使得经济增长在长期发展进程中也表现出贫困恶性循环的状态，难以提升经济水平。因此纳克斯提出平衡增长战略即大量投资促进经济增长、提高收入水平来突破这种恶性循环的困境
低水平均衡陷阱理论（纳尔逊，1956）	主要是指欠发达国家人均收入和人口增长之间的循环往复关系，当人均收入处于低水平时进行大规模投资获得经济增长，相应地引致人口增长，使得人均收入再次回到低水平的状态
临界最小努力理论（利本斯坦，1957）	基于贫困恶性循环理论和低水平陷阱理论提出，主张发展中国家努力使人均收入水平超过临界值，从而获得稳定的长期增长状态

新古典主义区域均衡发展理论的基本观点是区域经济发展所产生的差距都是暂时可调节的，即差距趋于收敛发展的均衡增长将是一种长期现象，而非均衡增长只是一种短期现象。尽管新古典主义理论为区域经济发展提供了可借鉴的理论模式，但其本身的前提假设又使此理论存在质疑性。首先它假设了要素间无成本、无信息的完全自由流动，忽略区域空间存在基础差异性的客观现实。其次它假设区域均衡发展是一个完全封闭的模型，片面强调模型内部市场机制的调节作用，而忽略了模型外部政策、技术等干预经济发展的重要因素。因而在此理论基础上，学者们从不同角度对理论进行丰富与完善（见表2-4）。

以上这些代表性理论成果均以发展中国家的区域经济发展为研究对象，主张可以通过均衡发展理论来缩小区间差异，实现整体经济平衡增长。但是由于经济运行过程中的自身复杂性以及外部因素的干预，这种均衡发展理论是一种理想化的设想，有的忽视了外生因素，有的排除了市场作用，不符合现实情况，因而难以对实际的经济发展提供有效指导。

（2）区域经济非均衡发展理论。区域经济均衡发展理论对于发展中国家的经济情况做出的假设具有一定的片面性，与实际情况有不相符的地方，并且难以通过调节来实现真正的均衡发展，因此经济学家针对此客观问题提出了区域经济非均衡发展理论，通过部分产业或区域的发展带动整体更符合现实经济的发展规律。主要代表性理论成果如下：

法国经济学家佩鲁于1950年最早意识到经济空间（产业、部门等经济单元）存在具有不同增长强度特征的增长极（点），通过不同渠道向外扩散，从而对整体经济发展产生不同的影响。随后有许多学者对增长极理论进行了不同程度的完善,其中法国地理学家布代维尔(1966)将增长极理论从抽象的经济空间引入到具象的地理空间中,认为在现实的经济情境分析中,不仅存在推动型经济单元,也存在区域地理上的具象增长中心即城镇增长极。同时,弗里德曼(1966)提出的核心—边缘理论(中心—外围理论)、萨伦巴(1984)提出的点—轴渐进理论以及弗农(1966)提出的梯度推进理论也是非常重要的区域经济非均衡发展理论。

循环累积因果理论与不平衡增长理论也是该领域内的代表性成果,后者提出的极化效应和涓滴效应类似于前者提出的回流效应和扩散效应,但由于作用机制的不同对区域发展差距会产生不同的影响(见表2-5)。

表2-5 循环累积因果理论与不平衡增长理论的比较分析

理论及提出者	前提	作用机制	结果
循环累积因果理论(缪尔达尔,1957)	经济发展首先会出现在某些具有优势条件的地区	回流效应>扩散效应	差距扩大,形成"地理上的二元经济"结构模型
不平衡增长理论(赫希曼,1958)	将有限资源集中配置到部分区域	极化效应<涓滴效应	差距缩小

赫希曼于1958年在其著作《经济发展战略》中提出产业的关联效应理论(前向与后向效应),为了实现产业在该链条中的最大效用、发挥最大潜力,认为应选择地区的主导性产业来带动经济增长,这个选择标准是基于投入产出法的影响力系数(F_j)与感应度系数(E_i),二者构成了赫希曼基准。影响力系数表示一个产业的带动度,当$F_j>1$时,可以表明该产业的影响程度高于社会平均的影响力水平;感应度系数表示该产业能够为其他产业提供的产出量,当$E_i>1$时,说明这个产业的感应程度超过社会平均的感应水平。二者的影响力都随着数值增大而上升,当选择具有双高性质(即F_j、E_i高)的产业作为主导产业时,才能够有效带动其他产业的发展。F_j、E_i的计算公式如下所示:

设 $\overline{B}=(I-A)^{-1}$,其元素为 $\overline{b_{ij}}$。$\overline{B}=\begin{pmatrix}\overline{b_{11}} & \cdots & \overline{b_{1n}} \\ \vdots & \ddots & \vdots \\ \overline{b_{n1}} & \cdots & \overline{b_{nn}}\end{pmatrix}$

$$F_j=\frac{\sum_{i=1}^n \overline{b_{ij}}}{\sum_{j=1}^n \sum_{i=1}^n \overline{b_{ij}}/n}(i,j=1,2,\cdots,n) \qquad (2-9)$$

$$E_i = \frac{\sum_{i=1}^{n} \overline{b_{ij}}}{\sum_{i=1}^{n}\sum_{i=1}^{n} \overline{b_{ij}}/n} (i,j = 1,2,\cdots,n) \qquad (2-10)$$

式（2-10）中，$\sum_{i=1}^{n} \overline{b_{ij}}$ 为完全需求系数矩阵的第 j 列之和，表示 j 产业对经济发展的影响力。

美国经济学家威廉姆于1965年通过实证研究提出的倒 U 形理论，认为区域经济差距在动态发展过程中会呈现出低—高—低的倒 U 形曲线（见图 2-3），市场机制的调节作用能够减少发展差距，这从另一角度印证了不平衡增长理论。

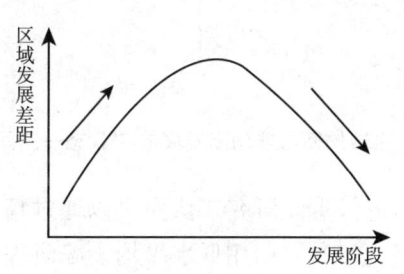

图 2-3 倒 U 形理论的曲线模型

以上这些理论是学者们在考量资源稀缺性以及区域本身差异的基础上提出的更为科学合理的经济发展规律阐释，但也存在不同程度的理论缺陷。一是过于强调非均衡发展的积极作用，忽略了均衡发展，在指导区域经济发展实践中具有一定的片面性。二是在调节非均衡发展所带来的差异问题时会片面依赖市场作用或政府干预，这也是不恰当的。三是没有定义非均衡发展的"度"，无法明确知道在经济发展过程中应付出多少代价才能换得理想的增长率。

（3）均衡与非均衡发展理论的相关研究。纵观国内外关于均衡与非均衡发展理论相关研究，大多集中在非均衡发展理论围绕区域经济产业结构与区域经济空间结构进行研究应用。根据理论特点可构成直观的"状态—空间"象限（见图 2-4），动态与地理空间是包含静态与经济空间的高层次阶段，可以看出区域经济非均衡发展理论都属于第一象限，表明具有很好的实践研究意义，更符合经济发展规律，因而能够解释关于这部分理论的研究数量较多的原因。

①均衡发展理论的相关研究。区域均衡发展理论的研究成果比较少，甚至部分理论未得到深入研究。张自强等（2017）基于贫困恶性循环理论对贵

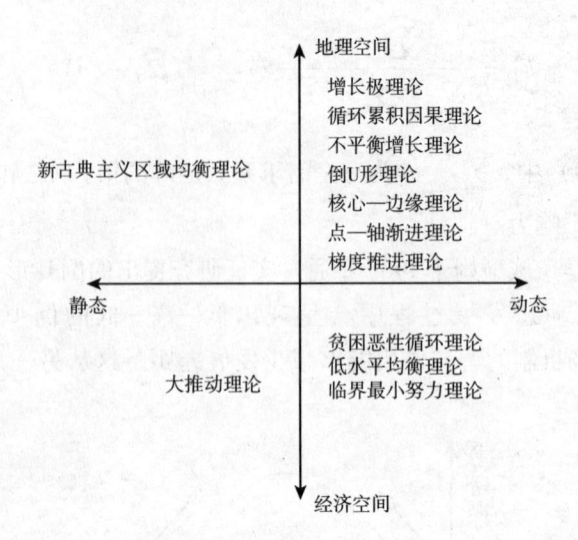

```
                              ↑ 地理空间
                              │
                              │  增长极理论
                              │  循环累积因果理论
                              │  不平衡增长理论
         新古典主义区域均衡理论  │  倒U形理论
                              │  核心—边缘理论
                              │  点—轴渐进理论
                              │  梯度推进理论
                              │
    静态 ─────────────────────┼───────────────── 动态
                              │
                              │  贫困恶性循环理论
                              │  低水平均衡理论
         大推动理论             │  临界最小努力理论
                              │
                              │
                              ↓ 经济空间
```

图2-4　区域均衡与非均衡发展的"状态—空间"结构

州民族地区的致贫原因进行实证研究，认为可以通过精准扶贫来改善贫困恶性循环的困境。杨建国（2006）引用低水平均衡陷阱理论研究西部发展中的"三农"问题，揭示了发展规模的扩张只是一种表面现象，无法使农村真正迈向高水平的发展层次；由于比较优势的缺失，蔡昉（2011）认为低水平均衡陷阱可以作为"中等收入陷阱"的理论依据；由于低水平均衡陷阱理论中的人口规模原理，人口老龄化、人口控制政策、区域脱贫也成为重要的研究内容（Lu，2002；林宝，2017；周建立，袁春剑；2017）。

②非均衡发展理论的相关研究。区域非均衡发展理论因其具有的更强的客观现实性，理论研究得到了更为丰富与即时的学术成果。围绕经济结构与空间结构展开的部分研究成果见表2-6。

表2-6　　　　　　　　　　非均衡发展理论的相关研究

理论	相关研究
增长极理论	周密和王家庭（2018）运用增长极理论的形成机制，对将雄安新区打造为继深圳特区、浦东新区后的中国第三增长极进行对策研究
	肖良武等（2017）构建出增长极体系模型，以黔中经济区为研究案例，分析增长极层次以及各层次的培育发展路径
	王术峰（2016）认为，粤港澳区域的物流产业布局需要合理选址，以促进区域发展中形成产业增长极，进而发挥辐射效应，带动该产业增长极邻近区域的经济增长

续表

理论	相关研究
循环累积因果理论	周雪敏和董乃斌（2015）认为，西部经济增长中存在明显的累积因果效应，主张发挥政府职能吸引外商投资，达到"向上循环累积的效果"
不平衡增长理论	张继海（2012）认为，利用稀缺资源优先发展经济特区的不平衡增长模式是能够获得较高增长效率的有益模式
	夏锦文和章仁俊（2005）通过定量研究，分析第一第三产业发展中的不平衡度与经济增长之间的数量关系
倒U形理论	杨锦英等（2012）通过对中国东西部发展的面板数据进行实证研究，分析得出东西部经济发展差距符合倒U形理论的曲线，可以通过加快工业化进程来带动第一第三产业、缩小发展差距
	田娜（2014）基于倒U形理论，运用统计面板数据分析城市化与经济发展系，通过模型构建得出60%是城市化水平的一个拐点临界值
核心—边缘理论	锁利铭等（2014）在核心—边缘理论的指导下，探讨区域治理的新模式
	赵金丽和张落成（2015）将泛长江三角区域划分为核心—边缘—外围圈层结构，研究圈层间的产业转移规律
点—轴渐进理论	李大勇和赵明（2014）针对蒙东地区与蒙西地区存在的经济发展差距，提出培育赤锡、通霍、海满经济发展轴的路径来初步促进蒙东区域经济的发展
梯度推进理论	王燕等（2017）认为，可以在区域循环经济发展的前中后阶段实施梯度推进战略，通过产业转型升级和节能降耗推动中国东中西部区域经济的可持续发展

目前对抽象经济空间研究的关注较少，多数研究聚焦于具象的地理空间中区域经济的非均衡发展状态，特别是增长极理论以及完善该理论所衍生出的理论，它们不仅可以作为单一的理论基础来指导实践发展，也可以根据实际情况结合应用，对区域发展格局进行规划（Auty，1990；Banerjee & Newman，1993；王金年，2016）。叶夏等（2015）以三明市的设施农业为研究对象，综合增长极与点—轴渐进理论联结发展区与交通要道，提出构建具有辐射效应的"田"字形网络。非均衡发展理论还可作为一种指导思想应用于不同领域，研究内容涵盖城乡教育与金融产业、科技发展与生态环境、土地管制等多个不同方面（Clarke et al.，2003；Greenwood & Jovanovic，1990；Combes et al.，2011；毛琦梁、王菲，2017）。

（4）区域旅游经济均衡与非均衡发展理论。旅游业发展对区域经济发展具有不可忽视的带动作用，探讨其发展过程中的均衡或非均衡问题也日益受到学者们的关注。研究成果的背景以区域旅游地理空间以及经济空间为主。

①区域旅游经济空间中的均衡与非均衡发展。旅游产业中的各要素单元如何发展才能获得高效增长也是学者们关注的重要方面。均衡发展主要体现在使旅游目的地利益、旅游业和谐发展上。已有研究关注到入境旅游的非均衡性、旅游经济的空间演化差异、旅游经济增长与生态环境、多样的旅游业态等内容（Helsley，2004；Krugman & Paul，2011；张经阳，2017）。

②区域旅游地理空间中的均衡与非均衡发展。学者们将旅游地理空间划分为大、中、小三个尺度进行研究，例如中国、经济带、都市圈等区域（HoCY & LiD，2010；Gelbman，2011；张晓梅等，2018）。朱付彪和陆林（2010）以珠江三角洲都市圈为例，分析其旅游空间结构的均衡发展机制，空间上的相互作用是驱动低水平向高水平演变的重要因素。杨立勋等（2012）运用基尼系数分析西北五省区的旅游业发展，发现总体经济增长呈现均衡趋势空间信息技术也是分析区域旅游经济空间的重要工具（Akkemik，2005；Weidenfeld，2013；喻发美，2016）。区域旅游地理空间的非均衡发展主要集中于旅游资源的时空分布、形成原因、区域协同与城乡统筹发展、影响及应对策略等方面。增长极理论、核心—边缘理论以及点—轴渐进理论强调旅游发展的辐射效应，优先打造重点旅游地，例如旅游空间结构特征、城乡二元结构下的乡村旅游地等（Conroy，2007；Wang，2014；宋亮凯等，2016；徐露，2017）。

（5）小结。纵观已有理论以及学术研究成果，发现均衡与非均衡发展理论不同于关注价格和需求之间关系的一般均衡与非均衡理论，而是类似于哲学概念，作为矛盾统一体贯穿于区域经济的发展过程中，从相对的非均衡发展向绝对的均衡发展演化，相辅相成、交替出现，推动实现区域经济的螺旋式上升发展。由于现实情境中的复杂因素影响，非均衡发展是一个必然的客观存在，均衡发展既可以看作是非均衡发展方式的阶段性目标，也可以看作是包含部分非均衡的全局性均衡。因此尽管高水平、高效率的均衡发展需要经历非均衡发展的过程，但也不能因此失彼，为了（非）均衡而（非）均衡。

纵观新中国成立后区域经济的演变过程可以更加深入地了解均衡与非均衡发展理论之间的关系，初期推行全面均衡的发展战略有助于缓解当时的贫困状态，改革开放之后实施优先发展东部沿海区域的非均衡发展战略，不可避免地使区域间经济发展出现差距，因而又将发展战略从非均衡转向均衡，制定出东北振兴、中部崛起、西部大开发战略。这种均衡与非均衡状态交替发展的过程构成了区域协调发展的主要内涵,长期动态的协调发展将有助于区域经济的统筹可持续发展。

在未来区域旅游经济发展的过程中,要统筹好均衡与非均衡发展理论之间的关系,从而获得高层次、高水平的协调发展,同时也要努力使经济空间中各部门、各产业等要素实现协调发展,例如旅游业发展过程中不能以破坏生态环境、毁坏遗产古迹等为代价来促进经济增长。总体而言,推动构建协调可持续的旅游产业大融合发展格局是未来旅游经济增长的应有之意。

2.2.3 产业链与产业集群理论

（1）产业链理论。各产业部门基于一定的技术经济联系,并依据产品或服务的生产消费特定逻辑关系,由此形成的产业关联关系形态被称为产业链（盖玉妍,2008）。可以看出,产业链理论的诞生主要依赖于产业部门间的两大特征：一是产业链中的各个环节具有非常高的关联度和依赖度（赵磊等,2011）；二是各个环节的互补关系特征明显（董皓,2013）。通过透视产业链理论的发展历程,亚当·斯密在《国富论》中以"制针业"为例进行社会分工理论探讨时,形象地描绘了产业链在提高劳动生产率等方面的重要作用,被公认为是对产业链的最早研究。1958 年,美国学者赫希曼在其发表的著作《经济发展战略》中首次公开论述了产业链的概念,并进一步依据产业关联方向将产业链分为前向关联及后向关联（艾伯特·赫希曼,1991）,但该阶段尚未形成产业链理论。直至 1959 年 Bain 提出了 SCP 范式（Structure-Conduct-Performance）,才标志着产业链理论的真正形成。Bain 认为,企业的经济绩效与企业的竞争行为密不可分,而竞争行为又由市场结构决定。之后,产业链理论进一步发展,在此基础上产生了一系列的方法模型。其中,迈克尔·波特（1985）的"价值链分析方法"被诸多学者借鉴和引用,并运用到生产活动实践中。其主要思想是从生产、销售等企业基本活动和人事、研究与开发等企业支持性活动两方面来阐述企业的增值活动,指出两者共同构成了企业价值链（见图 2-5）。然而,企业价值创造并不是来源于价值链的所有活动环节,只有那些关键"战略环节"才能为企业带来最优化效益。因此,企业必须要在关键"战略环节"获得竞争优势以提升行业竞争力。

现有产业链理论研究涉及价值链、供应链等多个维度。其中,价值链从产品或服务价值创造的视角阐述其职能运作,供应链强调的是生产经营、产品配送、售后服务等环节的协调（邹昭晞，2006）。中国的产业链理论研究起步较晚，最初主要用于农业产业链研究，但随着研究的不断深入以及实践的日益进步，产业链理论不断渗透到其他各个行业研究领域。结合产业链的特征、结构、形成机制等基础理论性问题，大致可以将产业链的理论内涵分为以下三类：

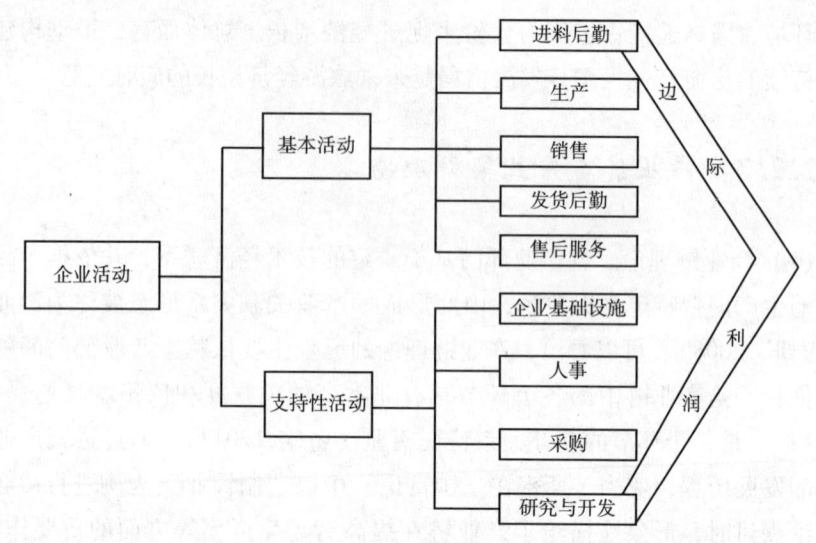

图 2-5 波特价值链

第一类是从产品生产—销售—消费的逻辑关系定义。这符合传统产业链的一般定义，囊括了一个产业内部从上游生产至下游消费的所有投入和产出关系（董皓，2013）。换句话说，产业链包含了产品生产、加工、销售等各个环节，在整个过程中各个环节相互联系而形成了完整的产业链条（郁义鸿，2005）。不难看出，产业链涉及供应商、制造商、分销商等各大厂商，其最终目标就是将产品转移至消费者手中，以实现企业盈利。但产业链的不断拉长延伸可能会丧失节点企业的创新活力而降低产业链效率，最终反而对企业效益产生不利影响（Mullainathan & Scharfstein，2001）。

第二类是从产品前向—后向的关联关系定义。从产业关联的视角来看，产业链是指产品生产依据其内在的经济技术关联要求，有关的生产经营业务或活动等都按次序联结起来（周新生，2006），而形成的链条式的关系形态（盖玉妍，2008）。产业关联强调产业或企业间的供需关系，依据产品的前、后向关联，企业之间组成了一种网络关系结构（杨公朴，夏大慰，2002）。供需链、价值链等作为产业链的不同常见形态，在一定程度上有机结合，促进企业在不同形态下定位角色，发挥优势，提升产业链的竞争力（侯立军，顾立人，2008）。

第三类是从企业或部门间的战略联盟视角定义。蒋国俊和蒋明新（2004）提出，某一产业中具备较强竞争优势的企业与其他相关企业在特定地域范围内形成的战略联盟关系链，被称为产业链。从中可以发现，战略联盟视角强调的是企业间的整体合作优势，认为产业链的本质就是以优势企业为链核，以相关企业的资本、技术等为纽带（李心芹等，2004），进行前后联系而结成战略关系链。其目的是促使区域整体优势的形成与发挥，进而提升整个区域的核心竞争力（郑学益，2000）。

（2）产业集群理论。产业集群研究可以溯源至19世纪末马歇尔对外部经济理论的论述，他指出产业集群存在两种外部经济效应，分别是外部规模经济和范围经济，而获得外部规模经济是产业形成集群的根本原因（Marshall, 1961）。此后，产业集群理论继续发展，并引申出了诸多流派。韦伯的工业区位理论（1909）就是其中的一大典型代表，该理论的诞生背景是19世纪末德国工业迎来大发展，如何将工业布局在运费最低点处成为学者们纷纷探讨的重要现实问题。韦伯认为运费与距离和重量相关，识别出运费的最低地点，即可判断出企业的最佳区位（阿尔弗雷德·韦伯，1997）。以两种原材料区位性考虑，假设原材料 M1 的产地为 A，原材料 M2 的产地为 B，产品的市场地为 C；产品的运费率为 t_1，原材料 M1 的运费率为 t_2，原材料 M2 的运费率为 t_3；其他条件不变。企业要决定其最佳区位，前提是使产品和原材料的运输总成本 T 最小，即 $T = t_1 SA + t_2 SB + t_3 SC$ 的值最小，此时企业最佳区位点在原料地 A、原料地 B 和市场 C 构成的区位三角形的重力中心（见图2-6）。

1990年，迈克尔·波特在《国家竞争优势》一书中首次正式阐述了产业集群的概念，提出产业集群是在一定的地理空间上，某一行业领域内具有多数竞争优势的企业互相联系，而形成的聚集经济性的现象（迈克尔·波特，2007）。此外，迈克尔·波特（1990）认为影响企业行业竞争力的因素主要包括以下六个方面：①生产要素；②市场需求状况；③相关及支持产业的竞争力；④企业战略、结构和同业竞争；⑤政府政策；⑥机会。这六大因素互相影响，形成了著名的波特钻石模型（见图2-7）。目前该模型应用较广，且主要集中在产业集群的竞争力研究（Padmore & Gibson, 1998；Meyer-Stamer, 2002；Barge-Gi & Modrego, 2011；任鹏等，2012；王慧娟等，2018）。

1998年，迈克尔·波特在已有理论的基础上继续推进，率先从创新优势视角对产业集群的经济现象进行了系统化阐述。

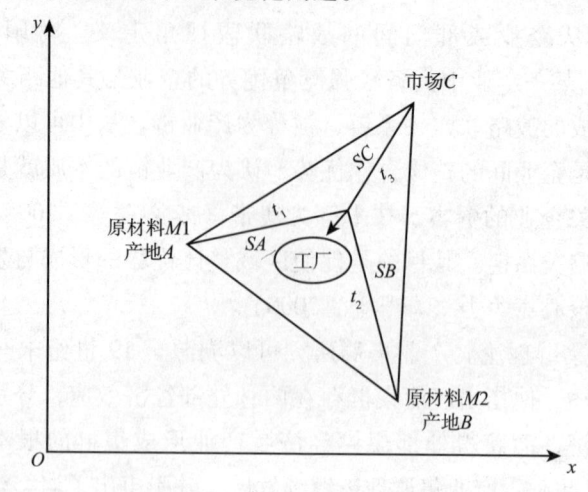

图2-6　韦伯的区位三角形模型

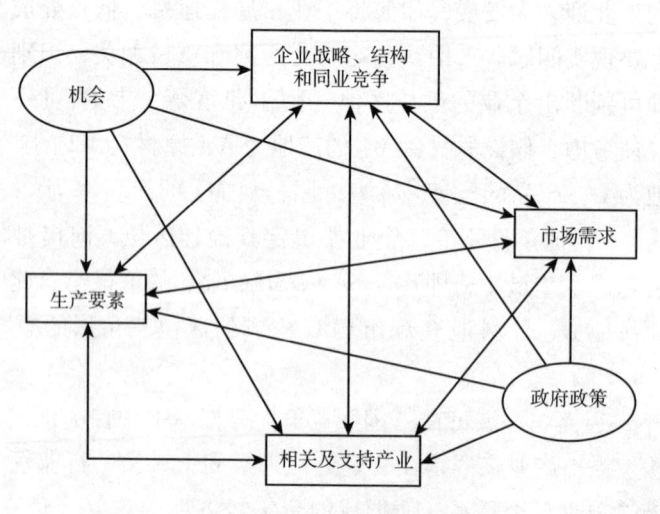

图2-7　波特钻石模型

后来学者大都沿袭了波特关于产业集群的定义，并从不同视角做出了新的解释。其主流观点大致可分为三类：第一类是将产业集群定义为各产业或各利益主体（Gordon & Mccann，2014）在一定的地域范围内形成的空间网络体系，侧重的是集群中的经济联系（Ahuja，2000）。如沈玉芳和张超（2002）指出，产业集群的内部相关产业在地域范围内集中，彼此相互依赖、相互竞争与合作,形成了一种区域产业群落。仇保兴(1999)认为,集群中的相关企业既彼此独立又相互关联,企业间的合作开展有利于产业集群的内、外部经济的产生。第二类是将产业集群视为一种新的产业化组织模式。如余东华(2007)提出产业集群内部的中小企业通过信息、技术、人员的共享,能够形成一种全新的组织结构模式,继而能有效控制和降低企业额外交易费用(Williamson,1981)。仇保兴(1999)认为,产业集群组织模式具有稳定性,既能有效克服市场失灵,又能有力缓解内部组织失灵。第三类是着重从集群内部的创新行为进行论述。如郑风田和程郁(2006)提出,产业集群实际上是创业家群体的集聚体,其主要形成过程是通过个体企业家的创新行为带动整个群体的模仿创新。

①产业集群的分类。产业集群的分类标准不一。学者从研究的现实需要出发,依据不同标准对产业集群进行划分(见表2-7)。从集群内的不同产业类型来看,产业集群可以归为传统产业和高新技术产业集群两类(王缉慈,2001),在此基础上,进一步有学者提出资本与技术结合型的产业集群(魏守华,石碧华,2002)。但无论是前者抑或是后者,都只是对产业集群的简单分类,对深入了解产业集群的内在机制及特征无所裨益。从产业集群的发展形态来看,产业集群涵盖了三种不同类型(李新春,2000),能够较好地解释产业集群的形成原因。从集群内不同企业的关联方向来看,集群类型可以分为水平型、前联型和后联型,如张俐俐等(2006)依据此标准划分酒店业集群类型,遵循了集群内产业联系的逻辑,但却与酒店业空间集聚的现实情况相悖。

表2-7 产业集群的分类

分类标准	类型
集群的产业类型	传统产业企业集群;高新技术产业企业集群;资本与技术结合型产业集群(魏守华,石碧华,2002;陈柳钦,2005)
集群的发展形态	受历史影响形成的集群;沿全球商品链形成的集群;创新网络产业集群(李新春,2000)
集群的企业分工形式	水平一体化型;垂直分离型;水平一体化与垂直分离共存型(盖文启,2002)
集群的企业关联方向	水平型集群;前联型集群;后联型集群(张俐俐等,2006)

②产业集群的集聚度测定方法。现有研究关于产业集群的集聚度测算,

多采用区位熵系数、赫芬达尔指数、专业化指数等进行衡量（见表2-8）。其中区位熵（LQ_{ij}）由哈盖特率先提出，主要用于反映某一产业部门的专业化程度。LQ_{ij}的值越大表明地区产业集群的集聚水平越高。如曹宁（2013）基于区位熵方法，对沈阳旅游产业集群的集聚度进行了测算，发现沈阳市旅游景区景点的区位熵系数不断提高，呈现跨越式发展，表明其形成了专业化程度较高的空间集聚；旅游酒店的集聚程度高于全省平均水平，说明沈阳市的旅游酒店已具备相当的接待实力。潘文卿和刘庆（2012）利用赫芬达尔指数（HHI）对中国省际制造业产业集聚度进行衡量，结果表明，经济发达省区的制造业集聚趋势趋于缓慢，而经济欠发达省区的集聚程度不断增强。薄文广（2007）运用专业化指数表征产业集聚程度，研究产业专业化水平与地区经济增长的关系，发现产业在其初始发展阶段往往会集中在特定地域空间范围进行生产，但产业进入成熟发展期之后，集聚产业会逐渐转移到其他地区而转向分散。

表2-8　　　　　　　产业集群的集聚度测定方法及其公式说明

方法	公式	公式说明
区位熵系数	$LQ_{ij} = \dfrac{W_{ij}/W_j}{W_i/W}$	LQ_{ij}为区位熵系数，W_{ij}为i地区j产业的工业总产值，W_j为全国j产业的工业总产值，W_i为i地区所有产业的工业总产值，W为全国工业总产值
赫芬达尔指数	$HHI = \sum\limits_{i=1}^{n}(X_i/X)^2 = \sum\limits_{i=1}^{n} S_i^2$	HHI为赫芬达尔指数，X_i为i企业的市场规模，X为所有企业的市场总规模，$S_i = X_i/X$为第i个企业的市场占有率
专业化指数	$S_{ij} = \dfrac{Y_{ij}/\sum_j Y_{ij}}{\sum_i Y_{ij}/\sum_j \sum_i Y_{ij}}$	S_{ij}为专业化指数，Y_{ij}为i省j产业的工业总产值，$\sum_j Y_{ij}$为i省的工业总产值，$\sum_i Y_{ij}$为j产业的全国工业总产值，$\sum_j \sum_i Y_{ij}$为全国的工业总产值

（3）小结。国外产业链理论研究起步较早，亚当·斯密在18世纪关于社会分工理论的探讨中就蕴含着丰富的产业链思想。之后，不断有学者对产业链理论进行深入研究、继承和发展，推动着产业链理论日趋成熟。比较有代表性的理论方法是波特的价值链，以及后来不断形成的供需链、企业链和空间链。国内产业链研究大都借鉴国外的理论成果，但绝不是照搬照抄，而是在此基础上，不同学者根据自身的研究需要进行了引申拓展，从新的不同视角对产业链理论做出了解释，丰富了产业链理论研究，有力推

动了产业链理论的进一步发展。目前产业链理论广泛应用于各大行业研究领域。但与此同时，现有研究还存在一定的局限性。以旅游业为例，由于旅游产业的综合性以及关联带动性等特征，造成旅游产业链的概念界定较为困难，或过于宽泛，或过于局限。此外，旅游产业链研究大都依附于旅游供应链、旅游价值链等研究，三者的内涵界限不清晰，而由于旅游产业链内涵和外延的复杂性，目前学界对旅游产业链研究始终缺乏体系化的分析框架。最后，现有文献对旅游产业链的研究大多基于宏观定性层面进行描述性分析，宏观与微观层面的定量研究不足，导致研究的表面化而深度不足。

国外典型的产业集群理论模型有韦伯的工业区位三角形模型、波特的钻石模型等，其中工业区位三角形模型在确定工业区位研究方面应用较广、波特钻石模型在分析产业集群竞争力方面作用显著。国内学者主要从三种视角对产业集群做出了释义，分别将产业集群视为一种空间网络、新的产业化组织模式以及创业家群体的集聚体，并对产业集群依据不同标准进行了分类，以及利用不同方法测定了产业集群的集聚度。在旅游领域，波特钻石模型、GEM模型、自组织理论、CAS理论等多种理论模型和方法都广泛应用于旅游产业集群理论研究，研究成果丰富，但仍存在诸多不足。一方面，过于重视国外理论的借鉴，而对相关理论的适用条件分析不足，在实证研究中容易忽视中国旅游产业集群发展的内在机制机理，导致提出的政策建议多流于形式，缺乏实践指导价值。另一方面，中国旅游产业集群相关研究还未形成完整的理论体系，研究方法也尚处于探索阶段。

2.3 国内外相关文献综述

2.3.1 耦合测量方法

（1）耦合度。耦合度是用来描述模块或者系统间信息参数彼此影响程度和作用程度的度量。影响系统内部朝有序机理发展的决定性因素是其序参量的协同作用，它将对整个系统的发展变化起关键作用，而耦合度则是对这种系统间协同作用的度量标准。耦合度按照强弱程度可划分为内容耦合、公共耦合、外部耦合、控制耦合、数据耦合、非直接耦合（见表2-9）。

表 2-9　　　　　　　　　　　　　耦合类型

耦合类型	类型描述
内容耦合	耦合度最强，指彼此联系的两个模块间的数据直接由彼此修改或操作，或者发生直接的融合转入情况时就称为发生内容耦合。在这种情况下，被修改的模块便完全听从修改它模块的指令
公共耦合	假如一组有共同联系的模块同时访问一组公共数据环境，则称该组模块间的耦合关系为公共耦合
外部耦合	假如一组模块不通过参数表输出变量信息，仅同时访问同一组全局简单变量，则称该组模块间的耦合关系为外部耦合
控制耦合	若一个模块在界面上对其他模块的控制需要通过传递开关、名字、标志等信号来达成，被控制变量根据接收到的信号值进行调整的动作，则称该组模块间的耦合关系为控制耦合
数据耦合	模块间的互动不由外部变量或参数数据控制，而是通过简单的参数数据进行信息的传递
非直接耦合	模块间不存在信号传递

通过对物理学领域中容量耦合系数模型和容量耦合概念的延伸引用，建立两个子系统间的耦合度模型并对其耦合协调发展水平进行测算，一般分为三个步骤进行：

第一步，建立子系统的综合评价指标模型，对数据进行标准化处理。将系统指标的个数用 i 表示，其值的表示为 $X_i(i=1,2,3,\cdots,n)$，其中最小值与最大值的表示形式为 X_{min} 与 X_{max}。U_i 表示为各项指标对该系统的功效函数，故子系统间的各项指标对该系统的功效函数可以表示为：

$$U_i = \frac{X_i - X_{min}}{X_{max} - X_{min}}(U_i \text{ 具有正功效}) \quad (2-11)$$

$$U_i = \frac{X_{max} - X_i}{X_{max} - X_{min}}(U_i \text{ 具有负功效}) \quad (2-12)$$

$U_i \in (1,0)$，当 U_i 越趋向于 0 时，表示满意度越低，当 U_i 越趋向于 1 时，则表示满意度越高。子系统中各项指标参数的总功效可以用线性加权的方式表现出来，即子系统的综合评价指标模型为：

$$f(X) = \sum_{i=1}^{n} \alpha_i X_i \quad (2-13)$$

第二步，耦合度函数的建立。借鉴物理学中的耦合概念及其系数模型，推导出两个子系统间相互作用的耦合度模型：

$$C = \sqrt{\{(U_1 \times U_2)/[(U_1 + U_2)]^2\}} \qquad (2-14)$$

式（2-14）中，C 表示两个系统间的耦合度，U_1 和 U_2 分别表示两个系统各自的综合评价指数。耦合度函数模型可以衡量两个相关系统间耦合的协调程度。由该模型可看出，$C \in [1, 0]$，当 C 值越大，则表明两系统间的耦合度越好，反映出两者间的协调程度高，反之同理。

第三步，指标体系构建。根据具体的子系统的研究内容建立系统指标体系并依照熵权法计算贡献度以确定指标权重。

P_{ij} 表示第 j 指标下第 i 个年份的贡献度：

$$P_{ij} = X'_{ij} / \sum_{i=1}^{m} X'_{ij} \qquad (2-15)$$

式（2-15）中，X'_{ij} 为样本子系统原始指标标准化后的值。

E_j 表示第 j 指标的熵值：

$$E_j = -K \sum_{i=1}^{m} P_{ij} \ln P_{ij} \qquad (2-16)$$

式（2-16）中，$K = 1/\ln m$，$E_j \in [0, 1]$，各 j 指标的熵权重值：

$$W_j = (1 - E_j) / \sum_{j=1}^{n} (1 - E_j) \qquad (2-17)$$

张勇（2013）和王毅（2015）为进一步更加细致地描述两系统间的融合协调程度，运用等差数列的划分方法将测算出的耦合度 C 值划分为 5 个等级，见表 2-10。

表 2-10　　　　　　　　　耦合等级划分及解释

耦合度区间	耦合强度	耦合度解释
(0, 0.2]	极低耦合	系统低度耦合阶段，两系统开始耦合，整体呈现二元结构发展
(0.2, 0.4]	轻度耦合	系统拮抗耦合时期，系统间相互影响作用开始凸显，二者开始逐渐适应
(0.4, 0.6]	中度耦合	系统磨合时期，两系统间处于磨合时期并开始向良性耦合状态发展
(0.6, 0.8]	良性耦合	系统良性耦合时期，两系统间在很大程度上影响，彼此促进
(0.8, 1.0]	高度耦合	系统高度耦合阶段，耦合度达到最大，整个系统不断朝更高水平的有序结构发展

将系统科学作为基础，运用耦合度概念对目标对象进行研究有助于丰富研究的广度与深度，目前已有许多学者关注耦合度概念并运用模型对研究对象进行定量分析以探讨要素间的关联程度。Hohnhlz（1994）通过耦合研究对马来西亚的休闲农业和乡村环境以及社会经济结构的关联进行分析。Boberg（2005）在对水资源与城镇化关系的研究中发现二者间的影响作用不是彼此独立的，而是在耦合过程中同时进行正向和反向的反馈。HonariHabib（2010）运用耦合理论，通过对体育旅游参与者、体育旅游项目经理发放调查问卷的形式，对伊朗某省的体育旅游和创造就业、经济创收之间的关联程度进行分析研究。李翠林（2019）以耦合理论为基础，建立耦合度模型对新疆文化创意产业与新疆旅游业的耦合程度进行实证分析，研究表明二者耦合程度处于成长发展阶段，总体耦合水平较低。任慧玲（2019）运用灰色关联度分析法测算生育政策与城镇居民消费结构之间的耦合度，得出的数据结果表明二者间的关联度较强，并将生育政策中的核心变量与城镇居民消费结构中的8项支出间的关联程度强弱进行排序。余姝琼（2019）基于中国现有的农村精准扶贫政策与现实情况，以大别山连片特困区为研究对象，运用灰色关联度分析方法并建立耦合度模型对政策与现实耦合水平进行分析，研究表明中国精准扶贫政策在落地实施时仍存在缺陷。

（2）耦合协调度。耦合协调度是描述有关联的系统间的整体协同效应的评价指标。耦合度可用于测量系统间相互作用影响程度情况，但是也存在一定的局限性，比如同处于较低水平的两个系统指数也会出现二者高耦合度的情况，但是这并不能真实反映双高水平情况时形成的高耦合度的意义。因此引入耦合协调度模型，将两系统各自的综合发展指数纳入进来进行定量分析，以更客观真实地描述两系统间的协调发展程度。

$$D = \sqrt{C \times T} \qquad (2-18)$$

D 值范围区间为 [0, 1]，D 值越大，则说明两系统间的协调发展越好，D 为1时，说明二者处于完全协调的的水平，反之则表明二者的耦合协调程度越差，D 为0时，说明系统间完全不协调，整体处于充分无序的状态。李江苏（2014）根据 D 值大小将耦合协调度划分为10个等级，见表2-11。在此模型中，C 表示两系统间的耦合度，T 表示两系统的综合评价指数函数，计算公式分别如下：

$$C = \sqrt{\{(U_1 \times U_2)/[(U_1 + U_2)]^2\}} \qquad (2-19)$$

$$F = \alpha U_1 + \beta U_2 \tag{2-20}$$

式（2-20）中的 α 与 β 分别是两个子系统的待定系数，其权重大小根据子系统在整体组合的协调发展中的重要程度决定，通常通过根据具体研究的子系统对象实际情况、询问专家意见、参照类似研究成果等途径对其进行赋值。

表 2-11　　　　　　　　　　　耦合协调度等级划分

耦合协调度区间	划分类型	耦合协调度区间	划分类型
(0, 0.1]	极度失调	(0.5, 0.6]	勉强协调
(0.1, 0.2]	严重失调	(0.6, 0.7]	初级协调
(0.2, 0.3]	中度失调	(0.7, 0.8]	中级协调
(0.3, 0.4]	轻度失调	(0.8, 0.9]	良好协调
(0.4, 0.5]	濒临失调	(0.9, 1.0]	优质协调

相比于耦合度模型的应用范围，耦合协调度测算模型的运用更为广泛，近年来大量学者运用这种模型与方法探究系统间的协调发展水平并提出针对性的建议措施。Ashworth（1992）指出，旅游者的城市活动行为与城市环境是两个存在内在联系的要素。MerrettS（1997）基于特定的时空布局，对城镇化与水资源间的耦合协调程度进行实证分析。Stephen（2005）主要对城镇化与经济发展水平链两个系统间的动态耦合协调关系进行研究。张媛媛（2017）在分析耦合交互机制的基础上，运用耦合协调度模型对苏南五座城市的区域科技创新和科技金融耦合协调水平进行测度。祝恩元（2018）运用耦合协调度模型，构建可持续发展和科技创新综合评价指标，对山东省 17 个地市科技创新与可持续发展水平的耦合协调度进行空间分析并划分相应的类型。徐海峰（2019）基于协同理论，对新型城镇化、旅游业和流通业三者间的耦合互动机制进行研究，构建出三系统相应的评价指标体系，建立协调发展的评价模型进行实证分析。周彬、张梦瑶（2019）通过构建内蒙古文化产业发展水平和旅游经济两个系统的综合评价指标，运用耦合协调度模型对 2004~2015 年时间序列数据进行测算分析两者的协调发展程度，同时使用 Logistic 模型预测 2016~2025 年的耦合协调度。何冬梅（2019）通过对比研究江苏省 2000 年、2005 年与 2010 年区域经济发展水平与养老产业的相关数据，纳入耦合协调度模型分析出二者耦合水协调水平的时空演

变规律。方大春（2019）构建区域创新和产业结构的综合水平评价体系，以 2006~2015 年的省际混合数据为基础，运用耦合协调度模型，测算 30 个区域（省）的区域创新和产业结构二者间的耦合协调度并分析其产生的经济效应。

（3）产业耦合相关研究。近年来，产业耦合成为社会广泛关注的热点问题。旅游学作为新兴的交叉学科，与其他许多产业皆存在不可割裂的紧密关系，产业间的耦合研究日益成为学界学者们关注的焦点，见表 2-12。Consortium（1995）运用聚类方法对南非的旅游产业聚集现象进行研究探讨。Ellion（1999）对美国旅游产业的集聚现象进行实证分析。庞娇（2018）以四川省为例，通过构建茶叶产业和旅游产业二者的耦合协调度模型对其间的耦合协调发展水平的时空演变进行量化分析。研究结果表明旅游产业和茶叶产业的耦合协调度目前已发展至一个较平稳的水平，并总体呈现波动上升的趋势。张百菊（2018）通过构建农业系统——旅游业耦合模型，将 2012~2016 年吉林省的旅游业数据和农业数据输入模型进行计算，分析二者的耦合协调发展的状况。唐业喜（2018）从张家界大鲵产业与旅游产业耦合机制入手，选取张家界旅游总收入、国内接待旅游人次、大鲵产业总产值、大鲵农业养殖规模等 14 项指标建立两者耦合协调度模型，基于 2012~2017 年的混合数据进行计算得出结论：大鲵产业与旅游产业的融合日益紧密，但整体耦合程度较低。暴向平（2019）通过构建乌兰察布市文化产业与旅游产业二者的综合发展水平评价指标，运用耦合协调度模型测算 2012~2016 年二者耦合协调水平情况，研究结果表明乌兰察布市文化产业和旅游产业耦合协调发展水平较低，有朝高水平耦合发展的趋势但并不显著。

表 2-12　　　　　　　　　产业耦合协调度发展部分研究

作者	年份	研究内容	研究结论
卢梅、童兴娣	2019	特色小镇与其特色产业的耦合协调发展水平	综合发展水平偏低，二者耦合协调程度较低，处在中度协调程度阶段
戢晓峰	2019	物流产业效率与交通优势度耦合协调水平	整体上二者的协调程度较好，武汉市最为显著
谢国根、蒋诗泉	2018	安徽省战略性新兴产业与经济发展耦合协调发展水平	安徽省多数地级市二者耦合协调度偏低，目前还未实现协调的同步发展，但在向一致协同的趋势发展

续表

作者	年份	研究内容	研究结论
彭迪、陈雪梅	2018	青海省藏药产业竞争力和区域经济发展水平的耦合关系	区域经济的发展水平明显领先于藏药产业的发展，但二者整体耦合协调程度朝上升方向发展
梁威、刘满凤	2017	传统产业与战略性新兴产业耦合协调发展程度	二者耦合协调度在空间上呈现"西低东高"的局面，总体来说战略性新兴产业的发展滞后于传统产业

对于旅游业与农业耦合协调发展的研究大多部分学者是采用定量方法，在模型的构造上，现有研究主要分为三种方法来构建耦合机制的模型，第一类以灰色关联性为模型构建的基础；第二类借助物理耦合模型的基础，进而来研究产业耦合模型；第三类为耗散模型。大多数学者所采用的都是第二类构建方法，即在物理耦合模型的基础上来构建旅游业与农业耦合的模型。张红军、郑谦、李学兰（2018）利用耦合原理，以安徽省为例，构建了安徽省农业、旅游业发展功效指数评价指标体系，选取了3个一级指标以及11个二级指标来对此进行了相应的评估。王中雨（2017）在对河南省旅游业与农业耦合协调发展程度进行研究时，选取了10年的数据，构建了耦合协调度模型，进行了耦合度、耦合协调度分析。许悦、刘玲、刘维哲（2018）从全域旅游的视角，以海南省为例，构建了旅游业与现代农业耦合效应评价体系，运用了2006~2013年的数据建立了耦合度以及耦合协调度分析模型。张百菊（2018）在其研究中借用物理耦合系数模型，选取了4年吉林省的与旅游业和农业相关的数据，构建了旅游业—农业耦合模型，模型中对于旅游业和农业分别选取了7项评价指标，分析了吉林省的耦合协调状况。轩福华（2012）通过对哈尔滨市的旅游产业结合耦合模型进行研究，做出了相应的分析与评价。张英等（2015）以湖南省张家界为例，在产业融合理论的基础上，构建耦合协调度模型以及指标体系，对于旅游业和农业分别选取了规模、结构、成长、效率这四项指标，并且进行了实证分析。周贵平（2018）以江苏省为例，将影响农业以及旅游业共同作用的诸多因素进行耦合关系处理，构建了耦合协调度模型，通过将其细化到三级指标来对其耦合发展进行评价。陈文（2016）指出大力推动旅游业与农业协调发展具有十分重要的意义，他在其研究中通过在容量耦合系数模型的基础上，选取2011~2014年舟山休闲农业及旅游业方面的数据，对舟山休闲农业以及旅游业的耦合程度进行相应

的评估（见表 2-13）。

表 2-13　　　　　　　　　旅游业与农业耦合模型归纳

作者	例证地	综述
张红军、郑谦、李学兰（2018）	安徽	构建了安徽省农业、旅游业发展功效指数评价指标体系，选取了 3 个一级指标以及 11 个二级指标来对此进行了相应的评估
王中雨（2017）	河南	对河南省旅游业与农业耦合协调发展程度进行研究时，选取了 10 年的数据，构建了耦合协调度模型，进行了耦合度、耦合协调度分析
许悦、刘玲、刘维哲（2018）	海南	从全域旅游的视角，构建了旅游业与现代农业耦合效应评价体系，运用了 2006~2013 年的数据建立了耦合度以及耦合协调度分析模型
张百菊（2018）	吉林	构建了旅游业—农业耦合模型，模型中对于旅游业和农业分别选取了 7 项评价指标，分析了吉林省的耦合协调状况
轩福华（2012）	哈尔滨	对于哈尔滨市的旅游产业结合耦合模型进行研究，做出了相应的分析与评价
张英等（2015）	湖南省张家界	在产业融合理论的基础上，构建耦合协调度模型以及指标体系，对于旅游业和农业分别选取了规模、结构、成长、效率这四项指标，并且进行了实证分析
周贵平（2018）	江苏	将影响农业以及旅游业共同作用的诸多因素进行耦合关系处理，构建了耦合协调度模型，通过将其细化到三级指标来对其耦合发展进行评价
陈文（2016）	舟山	在其研究中通过在容量耦合系数模型的基础上，选取 2011~2014 年舟山休闲农业及旅游业方面的数据，对舟山休闲农业以及旅游业的耦合程度进行相应的评估

（4）小结。根据已有的系统间耦合度与耦合协调度的相关研究来看，目前国内的有关研究焦点主要集中在对有关联的两种社会经济力量在发展与演变过程中的协调度问题上。以选取一定时间段的面板数据为基础，构建子系统的综合评价指标，通过运用耦合协调度模型进行实证研究，最后根据测算出的数据反映子系统间的耦合协调度发展水平，据此提出相应的对策建议。根据以上的研究思路已积累了丰硕的研究成果，应用领域广泛，为中国产业耦合的实践行动提供了理论指导。但相关研究结果主要集中于对测算结果的描述，而没有深入到子系统之外的动力因素和产生这种现象的内在规定性。

从研究方法上来看，目前对子系统间耦合协调度的研究主要聚焦于实证分析。旅游业作为一门典型的交叉产业，对其与其他产业的耦合关系的研究成果较多，研究方法日趋多元化。主流的研究方法有相关性分析、线性回归分析、格兰杰因果关系检验、投入产出分析模型等。在子系统的关联性研究中普遍运用灰色关联度分析方法，建立耦合协调度模型并借助 SPSS 等统计工具进行定量分析，但是对于子系统间具体是如何相互促进并形成互动机制的研究成果并不多，尚待进一步的研究。

2.3.2 旅游业与相关产业耦合

（1）旅游业与经济耦合协调发展。

①旅游业与区域经济。旅游业能否促进区域经济发展由最开始的肯定回答转变成有争议性的问题，有些学者提出"资源诅咒""红利漏损"等说法，认为旅游业不能过分夸大旅游业的"溢出效应"，赵磊（2018）、张晨（2018）等通过实证研究也验证了此观点。同时，也有学者通过分析旅游消费对地区经济的推动作用（Holzner，2011；张凌云，2000；申葆嘉，2007），或以贫困地区为例，分析旅游发展与当地经济的联系（安强等，2016；Durbarry，2004），提出旅游可以正向促进经济发展。

旅游产业与区域经济之间到底是怎样的关联针对此问题，有学者应用耦合协调模型，通过实证研究和定量研究，探讨二者的关联程度和协调程度。生延超、钟志平（2009）以湖南省为例，分析旅游产业与经济发展的相互作用，并提出与旅游产业系统相对应的区域经济系统。王雪（2017）、徐海峰（2019）分别以内蒙古和浙江省为例，探讨旅游产业与区域经济间的互动关系，结果都表明二者之间存在较高程度的耦合现象。

②旅游业与城镇化。城镇化也称城市化，是一个国家和地区由以农业生产为导向逐步过渡到以非农业产业为主导的趋势和现象。在"旅游＋"概念的热潮下，旅游与相关产业的融合成为当下各国发展的重要战略，"旅游＋农业"也成为城镇化的主要动力引擎，在热点问题的引领下，旅游产业与城镇化的关系研究也成为学术界的焦点。

西方发达国家受益于工业革命的福祉，率先迈入工业化城市，在国家整体发展水平和进度上都领先于中国，因此在相关研究领域也早有建树。马斯林（Mullins，1991）提出"旅游城镇化"一词。Chang 和 Simon（1996）就旅游城镇化的特点与发展模式进行了分析。Mullins（1994）和 Sharif（2016）对不同类型城镇化与旅游的结合，探讨对生态环境的影响。Russo（2002）通过对欧洲主要城市游客满意度调查，提出要以发展旅游业为途径，增强城市魅力。Hannigan（1995）也认为，旅游可以为城市发展提供动力。Judd（1995）基于对美国主要旅游城市的调查分析，提出发展旅游是加快城市建设的有效途径。由于特殊国情，中国城镇化发展较晚且肩负着脱贫攻坚和产业转型升级的重任，在旅游热的契机下，国内学者对于旅游产业与城镇化的研究颇为丰富，研究集中基于个别省级城市或县域样本，测算二者之间的耦合协调度，并针对耦合协调程度提出相应发展策略（李东和等，2013；杨友宝等，2016；）。由于中国各地区经济发展差异较为明显，区别于样本研究，李维维等以31个省份自治区的面板数据为基础，分析旅游化与城市化潜在的耦合协调关系及阻碍因素，并针对空间区域差异提出相应改进措施。

（2）旅游业与文化。20世纪90年代，"文化产业"此概念被美国前总统克林顿于首次提出，创新是文化产业的核心要素，而创新的关键在于人才，如何将文化创意性应用到旅游领域，一直以来是业界和学术界关注的重点。对于旅游与文化产业的研究，国外主要有以下三个方向：①旅游与文化的融合过程（Mike Robinson，1997；Valene L. Smith，1976）。②民族文化与文化传承在旅游业中的应用（Taylor，2001；Mckercher & Cros，2005）。③旅游与文化之间的相互作用及影响（Yuko Aoyama，2007）。

2011年中共十七届六中全会颁布的文件中，明确提出要推动旅游产业与文化产业相融合；2018年文化部和国家旅游局合并为文化和旅游部，"诗与远方"的结合获得了国家层面的重视，如今"文旅"已经成为各行各业耳熟能详的名词，旅游与文化产业的耦合发展也成为学术界研究的热潮。张琰飞、朱海英（2012）以中国31个省份的面板数据为基础，运用耦合模型实证分析中国各区域内旅游和文化的差异耦合关系，以及相互间的边际作用效果。翁钢民、李凌雁（2016）通过不同衡量指标，基于全国2005~2013年的数据，分析得出中国旅游与文化产业的发展并不协调。就个别区域来说，对于旅游和生态产业的耦合分析主要集中在少数民族集中区的西南地区，依托民族文化的独特性，以旅游为载体，实现二者的耦合，减少二元经济发展差异（张琰飞，朱海英，2003；韦复生，2011）。对于单个样本城市的案例地主要集中于内蒙古、甘肃等西北地区，通过探讨旅游与文化的耦合类型，提出管理和实践建议（暴向平，张利平等，2019；周彬，张梦瑶等，2019；鲍洪杰，王生鹏，2010）。

（3）旅游业与生态。国外对于生态环境问题一直持有高度重视，生态与旅游互相协调，互为基础（BUTLE，1991）。20世纪初，WallG 和 WrightC（1977）以旅游和环境为研究对象，探讨二者的相互关系及其影响机制；Stephen（1992）通过对植物等五个自然因素的历时分析，指出旅游对环境存在双重影响；然而，Anisimov 等（1996）以法律制度为切入点，探讨环境制度保障对于旅游业的影响程度；Budeanu（2016）也主张通过改善环境促进旅游可持续发展。

生态旅游伴随康养休闲旅游需求成为当下旅游热点细分市场，无论是习主席的"两山理论"①，还是"宜居宜业"旅游城市，无形中都将旅游与生态相关联。当下，国内对于旅游业与生态产业的耦合协调研究，主要以区域或样本城市为分析对象，探讨旅游与环境，旅游与生态的耦合关系，所研究的地区主要集中于内蒙古、兰州等经济发展较为滞后地区，也有涉及湖南、广东等经济发展水平较高的区域。钟霞和刘毅华以广东省的21市为研究对象，运用定量方法分析其旅游和生态的内在联系；鲍捷（2013）、汤姿（2014）、吕志强（2015）、谭小莉（2015）、TANG（2015）等分别以样本城市的时间序列数据为基础，分析样本地旅游发展与生态环境的协调关系，虽然结果显示某些城市在旅游发展过程中，存在生态环境或旅游发展滞后现象，但都表明二者有显著的协调性且向良好方向发展。吴英玲、尹鹏（2019）等将生态环境范围缩小至人居环境，探讨中国省域旅游产业与其之间的协调关系，并结合测量指标，分析二者之间的障碍因子。

（4）旅游业与农业。对于旅游业与农业来说，因为其产业特有的性质使其自然具有耦合的关系，两个产业通过产业耦合这种形式会带来新的发展机遇。通过对国内的研究进行梳理后发现，学者们大多是通过例证的方式来对旅游业与农业耦合的原因、影响等方面进行研究。张百菊（2018）以吉林省的旅游业和农业耦合现状为例，指出虽然两者之间具有一定的耦合性，并且在产业之间也会相互作用，但是农业由于还没有得到全面的发展，所以还没有完全地被旅游产业所带动起来，耦合度还较低。张英，陈俊合等

---

① "两山理论"与浙江实践，2005年8月15日，时任浙江省委书记习近平同志考察安吉县天荒坪镇余村，首次提出"绿水青山就是金山银山"的论断。

（2015）选取了湖南省张家界作为研究对象，根据调研情况构建了耦合评价指标体系，指出旅游业与农业的耦合协调度较低，农业的发展远远落后于旅游业，两者的相互作用力是不足的，这也在一定程度上反映出农业的局限性。李天芳（2016）指出中国现在生态旅游业与农业耦合新产业正处于一个蓬勃发展的状态，并且已经初步形成了投资主体多元化的格局，这样看来耦合效益处在一个急剧增长的势态。周贵平（2018）在对江苏省旅游业与农业耦合现状进行分析的基础上提出中国现在旅游业和农业耦合还有很大的发展空间，可以建立更加完善的机制。苏飞（2017）在对徐州市旅游业与农业耦合协调发展现状分析基础上进行分析，表明旅游业对于农业的影响还不够明显，并且影响程度一直都在降低，这也反映出农业的发展还一直处于初级阶段，要想更好地实现耦合发展还需要进一步的提高农业现代化程度。陈文（2016）选取了2011~2014年舟山地区休闲农业以及旅游业的数据进行分析，指出舟山地区虽然旅游业的发展步伐较快，但是旅游业和农业的耦合程度不高，没有充分地利用好旅游业的带动作用。

从国外研究现状来看，Sharon Philip（2009）在其文章中指出了农业旅游概念，并且对旅游业与农业产业耦合的框架进行了研究；Busby G.，Rendle S.（2010）指出以农业为基础来发展的农业旅游已经成为众多学者的研究重点，在许多地区也已经广泛地被应用。Wineaster Anderson（2018）以坦桑尼亚的卢沙托为例，研究了当地旅游业与农业之间的价值链关系，表明旅游业与农业的耦合能够带来更大的产业利润。Christian M. Rogerson（2012）分析了南非农村地区农业发展与旅游业之间的联系，表明旅游业可以充分利用农业资源来进行产业耦合。Kaswanto（2015）从可持续性、美观性、适宜性等方面分析了旅游业与农业耦合发展带来的产业利益。Knezevic Marko，Knezevic Danilo（2009）以莫克拉山为例，分析了当地畜牧业、农业等资源在旅游业发展中所具有的潜力，良好的农业资源能够为旅游业带来发展基础，同时旅游业的发展也能最为有效地利用好这些资源。Prettenthaler Franz（2016）用撒丁岛作为例证地，用小麦种植和旅游业发展之间的关系来进行研究，表明旅游业与农业的发展具有一定的关联性。Guohua Liu（2008）分析了旅游业对于两个村庄的影响程度，经过对两个村庄所受到的影响进行对比后发现旅游业与农业耦合发展能够带来更大的利益，应该通过合理调整农业结构来充分利用旅游业的发展机遇。Rebecca Torres（2003）通过分析昆塔纳罗奥旅游业和农业之间的现有联系，并且对制约其产业耦合发展的相关因素进行了分析，提出了改进的相关措施。Gheorghe Ploaie（1996）以瓦尔恰为例证地，表明在旅游业发展过程中虽然与农业耦合会带来一定的产业利润，但是同时却也带来了一部分的问题，包括有生态、资源等方面。

（5）小结。消费升级背景下，旅游作为休闲娱乐的载体和途径，逐渐成为大众生活的刚性需求。伴随人口红利和政策利好，旅游市场日益广阔，旅游作为拉动消费的重要引擎，已经成为推动经济发展不可忽视的力量，相关学术研究也日渐丰富，然而，大多数研究都是基于样本调查和分析，缺乏对于旅游基础理论模型的研究，也缺乏深入的定量研究。

相对于旅游业与农业的耦合发展，许多地区虽然已经开始进行产业融合，也构建了相应的耦合协调发展机制，但是普遍存在协调程度过低的现象，也就是农业的发展远远没有跟上旅游业发展的步伐。此现象在很大程度上是由农业产业性质以及现有农业基础较为落后的因素决定的。除此之外，在诸多学者对旅游业与农业进行产业耦合的研究中发现，虽然两个产业的耦合能够带来更大的发展空间，带来更多的利润，但是同时也会不可避免地出现很多问题，诸如会在一定程度上对农业资源带来破坏，人流量的增加会对农业生态环境带来更大的压力等，这些问题在研究中都引起了学者的讨论与重视，在今后的发展中也应该更为注重此问题。

2.3.3 农业与相关产业耦合

随着农业不断发展，与不同产业耦合是不断挖掘农业潜力，使农业不断现代化的必然要求，学者也在不断地探讨农业与其他产业耦合的形式，是未来研究的重要方向。目前学者对农业及其他产业耦合的研究主要有以下几种形式：

（1）农业与信息业。农业信息化存在发展不平衡、不协调的问题，拓宽互联网技术在农业中的应用是必然的发展趋势（徐丽敏等，2002）。蔡悦灵等（2016）以中国30多个省相关数据做定量研究，结果表明除了北京外，其他地区信息化指数普遍较低。Charlie等（2006）提出对于沿海和中部地区而言，信息化水平相对较高，高万林等（2010）也提出中国整体的信息化水平具有明显的不平衡、不协调的特点。农业中的检测和预警信息系统有效地保障了农产品的质量（郭静，2018），Frank（1998）提出可充分利用信息产业,促进农业产品的营销。在信息时代的背景下,农产品营销可与电商结合,提高农产品营销效率、降低营销成本、获得高营销回报(王剑,2018)。Kumar 等(2011)研究了土壤中的纳米粒子对微生物产生的影响。Reddy 等(2013)研究了纳米技术在农业中的应用,将科研机构的新技术应用到农业,可极大地提高农业的生产效率(潘锦云,2011)。

(2)农业与教育业。农村的教育水平是影响农业全要素生产效率的重要因素,对农业现代化起着积极作用,需要不断地强化农村教育水平,完善农村教育体系。农业现代化也为农村教育提供了各种潜在的发展条件,两者相互促进,螺旋上升(徐志辉,2008)。

农业真正缺乏的是复合型人才,指不仅熟悉农业专业知识,同时具备丰富的管理技能,能够灵活运用多学科知识,借助专业技能和综合素质为农业发展谋道路、求发展,推动中国农业特色现代化建设(杜志雄,2013)。优秀的农业人才要对农业有真切的情感,敢于接受新的理念和思想,并渴望以自身力量为热爱的土地建设献力(假晶旭,2018)。陈娟等(2019)分析了农业环境保护的需求状况,提出农业环境保护十分关键,并对如何培养专业人才给予了建议。欧兰花(2019)提出中国农业发展迅速,"走出去"的大形势体现了对农业专业翻译人才的需求,并在此背景下提出相关人才培养的急迫性、重要性。除了对专业人才的渴求,农业同样急需优秀基层人才做好农业推广工作(郑平,2019)。农业建设必须得到重视,而这需要通过人才智力为农业发展助力(Rebecca,2003),培养农业人才需要注重实践,需要依靠多方的参与来推动农业人才体系的建设(Jha,2008)。

(3)农业与金融业。金融业与农业的发展息息相关,金融服务可为农户拓宽贷款渠道,资金的高效流通可带动当地经济发展,杜泽文(2019)概括了金融业对农业发展的有利之处,并提出了金融业与农业耦合发展的两条路径。Miet(2011)肯定了农业金融的重要性,对促进农民收入有着积极作用,农业金融为农户提供经济支持,可以帮助农户有效地提升经营水平(Soundarra,2015)。

农业信贷和农业保险是两个重要的农村金融工具。张浩等(2010)认为,因地理位置及大环境形成的一些劣势,农村融资是农户面对的已久难题,信贷体系的完善是促进农业发展的必然趋势,两者耦合深度有待加强。农业本身具有风险频发、抵御自然风险能力低等特点,是一种弱质性产业(李勇斌,2018)。农业保险是补偿农业灾后损失的重要手段,能够及时帮助农户恢复产业经营，有效地降低农业风险。有研究发现购买了农业保险的农户的收入比没有购买农业保险的农户收入明显要高，农业保险可维持农户收入水平、提升农户的偿债能力（李景波等，2011），农户的保险需求与农业的生产规模有很大关系，农户的保险需求随着生产规模的扩大而增大。赵莺等（2016）提出，农业保险需求会受到耕地面积的影响，农业保险为农户保驾护航，保险公司通过设计符合各地农户需求的抗风险产品，增强保险与农业的耦合。

（4）农业与物流业。农业与物流业的耦合具有差异性和复杂性的特点，农业是物流业发展的动力源泉，物流业是农业发展的重要前提条件（李学兰等，2017）。2004~2012年，农业与物流业的耦合度指数起伏不定，呈现出"W"的波动形状。物流业与农业耦合，可提升农产品的销售和运输效率，推动农业现代化的进程。但目前来看，相比于旅游业或服务业，学者们对农业与物流业耦合的研究并不多（Busby等，2000）。已有研究成果表明中国农业虽然与物流业具有不可分割的关系，但因两者之间联系尚且薄弱，两者的实际耦合度并不高。张林（2016）总结了学者们对提高物流业与农业耦合的建议，主要包括完善农产品物流市场的法律法规、提高物流业门槛以保证农产品物流市场的信度、灵活的农产品定价以保证农户的利益、增强农业基础设施建设等。Gal等（2010）提出可通过降低配送中心的门槛、扩大农业物流配送中心的数量等方法来提高农业物流的效率。

（5）小结。目前学者对农业与服务业耦合发展的关注度比较高，已有文献成果较多集中在对农业与服务业的耦合路径、耦合方式等方面的研究。农业与其他领域的耦合也逐渐受到学者的关注，已有学者开始探讨农业与物流等产业的耦合路径及模式，挖掘农业与不同领域的耦合方式是未来研究的方向，这也体现了农业不断发展，不断现代化的趋势。

农业与不同产业既存在互补之处，也有冲突之处，适当的融合模式，可加快农业现代化发展的脚步，也可带动其他产业的优化和创新，是产业间相互促进、共同发展的必然要求，农业与其他产业的耦合是农业本身产业结构优化的重要方式。但是不同的产业还是存在"矛盾"之处，耦合发展不仅仅是将农业元素融入其他产业，还要提高农业与相关产业的融合程度、加大融合范围、增强彼此的互动、带动各自经济效益。目前学者在不断探讨农业与其他产业耦合的不同路径，对于如何实现农业与不同产业耦合的最佳路径的研究却不多，这也是未来有待深入研究的方向。

目前已有文献对农业耦合的研究多从单个产业来考虑，通过耦合模型分析与检验其与农业的耦合现状，但是通过回顾已有文献，与农业耦合的不同产业间本身也有耦合效应，最后，农业与不同产业的耦合需要国家、企业、个人的共同助力，国家的政策支持，企业的创新模式，个人的责任意识都是促进农业现代化，加快农业发展的推动力。

第3章 旅游业与农业耦合发展现状及影响因素分析

为促进中国旅游业与农业的耦合发展，需要对农旅耦合发展的现状、存在的问题、有利因素以及不利因素进行把握，在此基础上才能更加科学地构建相应的指标评价体系，才能够更加贴近现实地总结可以借鉴和推广的模式，也才能更加有针对性地就其运行机制和政策思路提出相应的建议，基于此认识，第3章对中国旅游业与农业耦合协调发展的现实条件做出分析。

3.1 旅游业与农业耦合发展取得的进展

3.1.1 农业旅游市场规模不断扩大

（1）营业收入"井喷式"增长。在中国旅游业快速发展的背景下，农业旅游的营业收入正以令人惊讶的速度向上增长，休闲农业和乡村旅游等农业旅游形式越来越受到中国居民的欢迎。休闲农业和乡村旅游具有独特的优势，能够适应城市居民对短距离休闲度假日益增长的需求，显示出超越一般旅游业的活力。根据中国社会科学院的数据显示，2015～2018年，中国休闲农业与乡村旅游营业收入从2015年的4400亿元增长至2018年的8000亿元，几乎实现营业收入的成倍增长（见图3-1）。

（2）接待人数不断上升。随着中国人均可支配收入的大幅提高和休闲时间的增加，特别是法定假日计划的实施，越来越多的人开始注重以休闲娱乐消费为代表的无形消费。近年来，农业旅游作为兴起的休闲娱乐方式，发展迅速，休闲农业和乡村旅游的接待人数也在不断上升。根据中国社会科学院

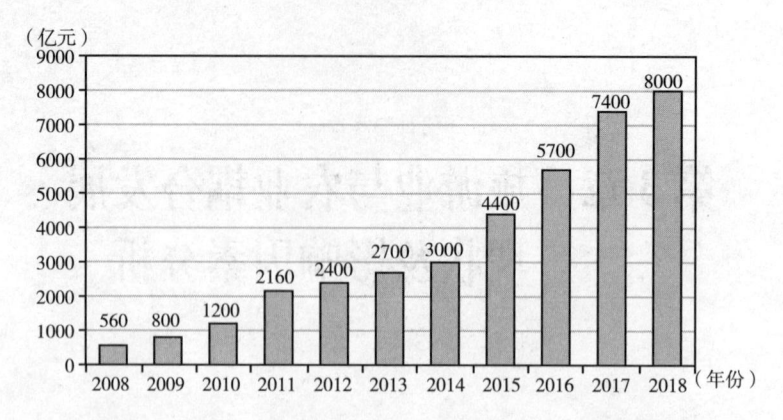

图 3-1　2008~2018 年中国休闲农业与乡村旅游营业收入

资料来源：中国社会科学院，http://cass.cssn.cn/.

统计数据显示，2008~2018 年，中国休闲农业和乡村旅游的数量继续增加，从 2008 年的 3.85 亿人次增加到 2018 年的 30 亿人次，增长十分迅速（见图 3-2）。

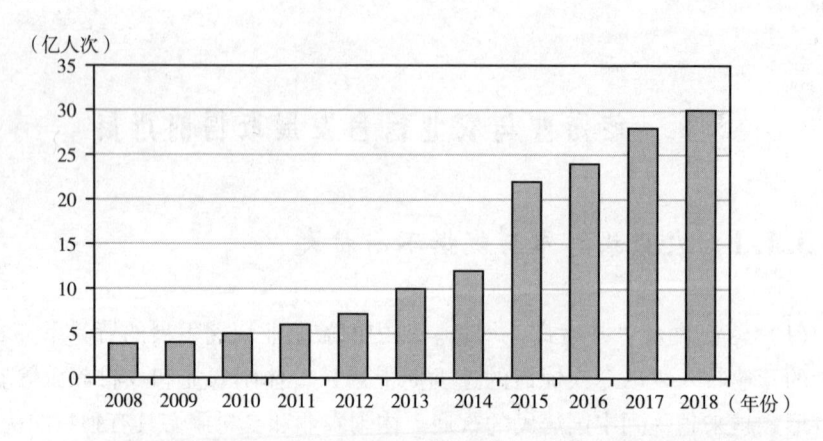

图 3-2　2008~2018 年中国休闲农业与乡村旅游接待人次

资料来源：中国社会科学院，http://cass.cssn.cn/.

（3）产业规模不断扩大。随着中国经济的持续发展和人均可支配收入的不断提高，农业旅游的市场规模也迅速发展。据国家文化和旅游部统计数据显示，2016 年，全国共有 10 万个村庄开展农业旅游活动，有 290 万家农业旅游经营单位，其中农家乐超过 200 万家；2017 年，初步统计全国农家乐数量达到了 220 万家（见图 3-3）。

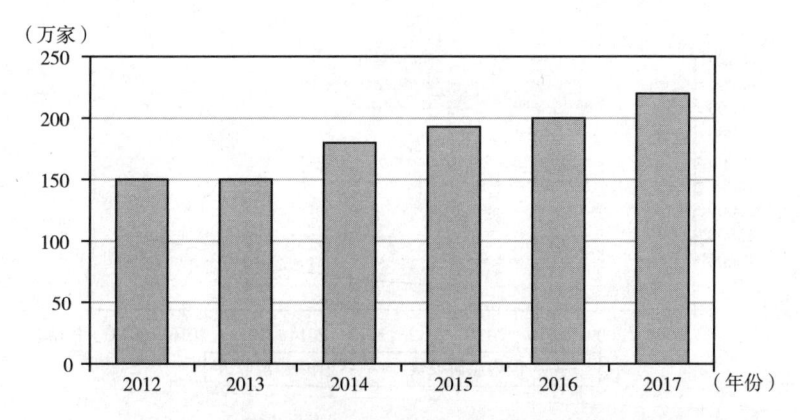

图3-3 2012~2017年中国农业旅游农家乐统计数量
资料来源：中华人民共和国文化和旅游部，https://www.mct.gov.cn/.

3.1.2 农业旅游投资多元化增长

旅游业与农业的耦合发展离不开各种渠道的资金支持，旅游业和农业耦合发展的资金需求相对较大。农业旅游涉及一二三产业的整合，承载乡村旅游的生产项目和服务项目都需要较多的资金投入。但是，就投资需求而言，难以通过单一渠道满足旅游业和农业耦合发展的需要，有必要通过扩大投资渠道来支持农业旅游的发展。在快速发展的旅游市场推动下，中国旅游投资呈现逐年增长的趋势，大大小小的资本涌入旅游业。乡村旅游也是旅游投资的热点。从中国旅游业和农业耦合的发展过程来看，各方的相关投资与收入呈现出逐步增长的趋势（见图3-4和图3-5）。根据国家统计局的调查数据显示，2013~2016年，中国旅游实际投资从5144亿元增长到12997亿元；其中，2016年乡村旅游投资达3856亿元，占旅游总投资的15.7%，增长47.6%；2017年，中国对旅游业的直接投资超过15000亿元，同比增长16%。

随着农业旅游耦合产业投入的增加，农业旅游投资的主体也逐渐向多元化发展。一方面，政府继续加大对农业旅游的支持力度，中央对农业旅游的预算投入持续增加；另一方面，政府积极鼓励和推动民营资本进入农业旅游耦合产业，并推动农业旅游投融资政策和民营资本合作模式（PPP模式）的实施。当前中国农业旅游投资，响应政策的利好趋势，顺应市场的现实需求，在农旅耦合产业全面展开。

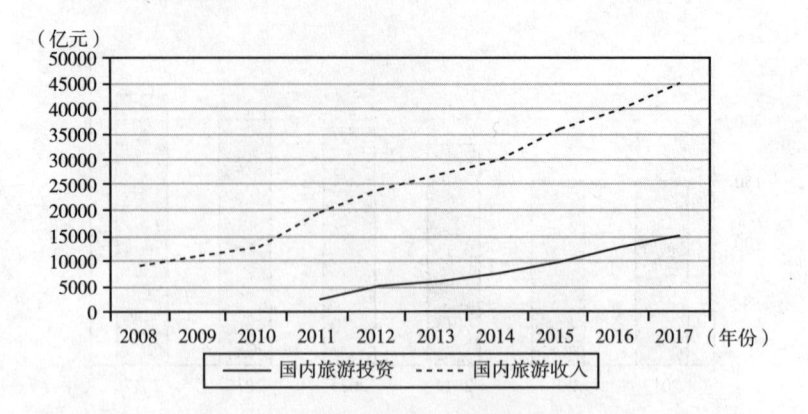

图 3-4 2008~2017 年国内旅游投资与收入统计

资料来源：2008~2017 年历年国民经济与社会发展统计公报，2017 年中国旅游投资报告。

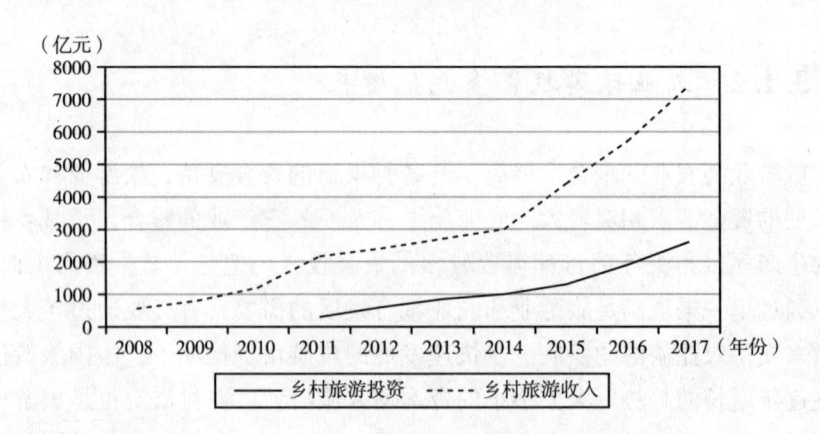

图 3-5 2008~2017 年中国乡村旅游投资与收入统计

资料来源：中华人民共和国文化和旅游部，https://www.mct.gov.cn/.

3.1.3 农业旅游发展模式典型化

在农业旅游方面，很多国家起步较早，有许多可借鉴的成功模式，但鉴于中国农业旅游的发展现状和旅游消费特点与国外的明显差异，中国农业旅游的发展需要开启本土模式。目前，中国休闲农业与乡村旅游已形成七种典型发展模式（见表 3-1）。

表 3-1　　　　　　中国休闲农业与乡村旅游发展七大典型模式

模式	产业依托	分析
环城市乡村旅游发展模式	城市依托型	根据吴必虎教授提出的环城游憩带理论,环绕在城市周边的乡村地区的主要功能之一就是旅游观光,依托靠近城市、游客众多的优势,环城市乡村旅游圈逐渐形成
景区周边乡村旅游发展模式	景区依托型	成熟的旅游景区往往会吸引大量游客和各种渠道的投资,具有巨大的发展潜力。景区周边的乡村地区依托景区的优势,农业旅游发展迅速
特色庄园旅游发展模式	产业依托型	庄园旅游模式对农业产业化的要求较高,并且要求开发地区的农业产品具有一定的优势与特色。通过对庄园进行休闲观光、度假体验等功能性开发,吸引游客前来,带动基础设施、餐饮住宿、特色农产品深加工等相关产业的发展,促进旅游业与农业的耦合协调发展
古村古镇乡村旅游发展模式	历史文化依托型	目前,古村古镇旅游在中国的热度持续居高不下,大部分旅游消费者对古村落浓厚的历史文化、古朴的建筑风格、淳朴的民俗民风抱有很大的兴趣,越来越多的游客前往古城古镇参观游览。在古村古镇乡村旅游开发过程中,要注重对传统文化和建筑的保护与发扬,切不可为了追求经济效益而过度商业化开发,丧失了古村落的原真性,降低其吸引力
乡村文化活化与社区发展模式	民俗依托型	随着农业旅游的蓬勃发展,一些以民俗文化为依托的乡村旅游地区,由于旅游业的开发,当地民俗文化受到了极大的冲击。传统文化的保护与旅游资源开发之间的矛盾、当地居民生活状况与经济发展之间的矛盾都是民俗依托型旅游发展模式亟待解决的问题
传统民间艺术带动模式	创意主导型	民间艺术代表了一个地区甚至一个民族的文化特征,具有很强的区域性特征。中国的剪纸、戏曲、刺绣等民间艺术,在中国不同地区呈现出不同的特点,例如剪纸艺术,北方剪纸粗犷朴实,南方剪纸精巧秀美。随着旅游业的快速发展,民间艺术逐渐成为乡村创意旅游不可或缺的一个方面
科技引导现代乡村旅游发展模式	科技依托型	近年来,中国借鉴荷兰、日本、新加坡等地的发展模式,利用科技引导农业建设,成立了一批国家科技园区,促进中国农业旅游的发展,逐渐形成集观光游览、教育科普、休闲体验为一体的现代乡村旅游业。科技依托型农业旅游模式正逐渐成为中国未来农业旅游发展的重要方向之一

3.1.4　农业旅游扶贫效果显著

充分发挥贫困地区的优势农业旅游资源以及人力资源,发展农业旅游,从而促进当地经济发展、农民增收,是农业旅游带动贫困户脱贫致富的关键所在。2013年,乡村旅游扶贫成为中国扶贫开发的重点任务之一,《乡村旅游扶贫工程行动计划》《关于实施乡村旅游扶贫项目促进旅游扶贫工作的通知》《兴边富民行动"十三五"规划》等一系列指导性政策文件陆续出台。乡村旅游扶贫作为乡村振兴和农村扶贫开发工作的重要领域,正在以"中央协调、省责任、市县实施"的机制实施推进。

据数据显示,自2015年初实施"515战略"[①]旅游工作以来,全国有超过500万贫困人口通过农业旅游摆脱贫困[②]。根据2017年部分省市的数据,河北省乡村旅游接待人数近1.1亿,农业旅游营业总收入超过200亿元,带动84.8万人就业、近9万人脱贫[③];甘肃省通过发展农业旅游带动2.92万户建档立卡家庭、12.26万贫困人口脱贫;云南省培育旅游扶贫示范户2000多家,旅游业带动12.1万人脱贫;贵州省通过旅游业发展带动29.72万贫困人口从收入中受益[④];四川省农业旅游收入2283亿元,带动3.7万户贫困户实现脱贫,惠及贫困人口12.6万人,占全省108.5万贫困人口的11.6%[⑤];江西省通过休闲农业与乡村旅游产生68万个就业岗位,惠及160万人,带动45万农民脱贫致富,辐射全省580个贫困村,带动全省3.3万建档立卡贫困户、10万建档立卡贫困人口脱贫[⑥];山东省近2万户、4.5万多人通过农业旅游实现了脱贫,农业旅游间接带动26万人增收[⑦]。从目前的情况来看,农业旅游对促进中国贫困人口脱贫致富具有重要作用,已成为脱贫攻坚战中强有力的扶贫"武器"。

3.2 旅游业与农业耦合发展存在的问题

我国农业旅游发展已经取得了一定的进展,但也存在一些问题,有些问

---

① "515战略",即紧紧围绕"文明、有序、安全、便利、富民强国"5大目标,推出旅游10大行动,开展52项举措,推进旅游业转型升级、提质增效,加快旅游业现代化、信息化、国际化进程。
② 国家旅游局.515战略旅游强国建设的一面旗帜[EB/OL].中国旅游,2017-07-10.
③ 贾楠.2017年河北省乡村旅游收入超200亿元[EB/OL].河北新闻网,2018-02-07.
④ 冯豪博.旅游扶贫多种模式精确发力[N].人民日报(海外版),2018-03-10.
⑤ 李丹.今年四川乡村旅游预计收入2283亿元543个旅游扶贫重点村退出[EB/OL].四川新闻网,2017-12-13.
⑥ 钟秋兰.江西乡村旅游交出成绩单[N].江西日报,2017-12-22.
⑦ 刘兵,刘英整理.2017年山东旅游大数据公布[N].大众日报,2018-01-22.

题已构成旅游业与农业耦合发展的制约瓶颈。因而要认真梳理面临的问题，并找出其成因，以便于有针对性地采取相应的措施加以解决，以推进我国农业旅游的可持续发展。

3.2.1 旅游业与农业一体化程度不高

通过分析，发现中国旅游业与农业的耦合程度并不高，仍处于融合的初始阶段。目前，虽然中国的旅游业和农业已经发展到一定程度，两者之间也存在一体化发展的现象。政府也为农业旅游的发展提出了相应的思路和扶持政策，但效果不理想，旅游与农业的融合程度并不高。通过观光休闲农业旅游景区、体验农业产业园采摘等活动，吸引游客前来，带动食、住、行、游、购、娱等相关旅游产业的发展。但反观旅游业对农业的影响则相对较小。目前，除了游客通过采摘水果和蔬菜能够为当地农民带来一些收入外，旅游业在促进农业发展方面没有发挥明显作用。近年来，旅游业与农业耦合度没有明显提升，农业在促进旅游业发展中具有一定的作用，但旅游业在促进农业发展中的作用尚未得到明显体现，要实现旅游业与农业相互影响、相互促进、共同发展的目标，还有差距。

3.2.2 旅游业与农业耦合发展不平衡

（1）区域发展不平衡。近年来，随着农业旅游的快速发展，旅游业和农业的耦合发展得到了极大的推动，大批农业示范点不断建立。但从整体来看，到目前各地区农旅耦合发展呈现不平衡的状态。一些地区旅游业和农业的耦合发展步入了一个新的阶段，呈现出全新的面貌；而一些地区的农业旅游发展还处于初级阶段，不能有效、合理利用土地，现有资源尚未合理开发，规模化的开发未落到实处。主要原因有以下几个方面：第一，不同地区政策的差异以及政府对旅游业和农业的重视程度不同，将导致旅游业和农业耦合产业的投资差异。第二，各地区之间的资源存在差异。各地区的农业和旅游资源不同，在一些地区，农村地区辽阔，旅游资源丰富；而在另一些地区，存在一些不利条件，例如农业用地面积小，旅游资源不足等。第三，不同地区的基础设施建设存在较大差异性。可以看出，乡村旅游发展的地区不均衡现象仍然存在，旅游业与农业的同步协调发展受到严重阻碍。

（2）产品供给不平衡。在中国，旅游业和农业的耦合发展主要集中在休闲、观光和采摘领域。在过去的30多年里，中国的农业旅游主要以粗放型、规模型、政府和要素驱动型为主，未考虑到向创新型、质量型、内涵型的休闲农业和乡村旅游转变。这导致农业旅游有效产品供应不足，同时无效供给过度。无效供给通常是指一种不满足供应和消费者需求的畸形供应，反之亦然。目前，农业旅游虽然在中国各地蓬勃发展，看似供给充分，实则无法满足消费者日益多样化的旅游需求。因此，我们应该意识到旅游业和农业发展不平衡的原因之一是无效供给超标，而无法完成有效供给。要改变此现状，最重要的是要改善有效供给和无效供给之间的关系。农业旅游资源、相关政策体系、农业旅游开发商、农村社区农民、农业旅游经营者和社区居民等一系列要素构成了农业旅游的主体，要优化各种要素之间的结构，减少无效供给，提高供给质量，从宏观上改变农旅耦合产品的供给不平衡问题。

3.2.3　旅游业与农业耦合同质化严重

同质化最初出现在商品领域，是指同一种类但不同品牌的产品，在其性能、外形、甚至是在广告营销方面互相效仿，毫无创新，导致同一类商品逐渐趋同、毫无特色的现象。而农业旅游同质化指的是各地区的农业旅游在旅游策划、旅游产品和旅游活动等方面的相互跟风，最终导致中国农业旅游呈现千篇一律的现象。近年来，中国农业旅游发展势头迅猛，为农村地区带来了巨大的经济效益，但在农业旅游蓬勃发展的同时，同质化问题也逐渐显现。许多乡村旅游景点都用复制的方式将别的地方成功的模式拿来照搬照抄，尽管有一些形式上的变化，但实质却是相同的。例如，陕西省袁家村"火起来"后，先后被81个项目模仿。农业部有关人士就指出：全国采摘园数不胜数，能细看可回味的不多，产品特色不明显，经营方式单一，无法满足居民的多样化需求，同质同构问题已经严重制约产业健康发展。中国农业旅游同质化现象越来越严重，无论是农业旅游规划，还是农业旅游特色资源，抑或是农业旅游活动，都是在趋同中发展。

首先，旅游规划的同质化。中国的农业旅游规划以小城镇为基础，商业模式大致相同，农业旅游的定位是相似的，经营意识与经营理念通用，旅游规划策略和规划原则固化。地方政府和旅游部门在农业旅游规划中起到决定性的作用，但大多数地方政府和旅游部门对农业旅游规划的认识尚浅，简单地认为将当地的民居建筑统一、开发果蔬采摘、休闲垂钓、花卉观赏等活动便是农业旅游规划。规划方式的相似性，是中国农业旅游面临的一个大问题。

其次，旅游资源的同质化。中国部分乡村旅游景区靠山靠水靠地，部分依托古村落资源，还有的依托自然环境资源。尽管各地资源看似不同，但在农业旅游开发的过程中，都伴随着旅游资源的同质化。例如，以古村古镇为依托的农业旅游村看到花卉观赏旅游大受游客欢迎，也开始在古村落里种植花卉，向花卉旅游延伸；而一些以农业庄园为依托的农业旅游目的地，看到历史文化资源强大的吸引力，也开始着手挖掘当地的古村落资源。盲目地跟风开发导致各地的农业旅游资源，看起来类型众多、各具特色，但实质上开发形式非常单一，各地的农业旅游资源类型相似度高，旅游的价值并不高。

最后，旅游活动的同质化。旅游项目的单一性和相似性使得游客只需要在一个地方体验和体验这些旅游项目，就不需要到另一个地方参观和旅行，也不可能带来持续的经济效益。单一乏味、无特色的旅游项目使游客不可能在类似的项目上花费太多的精力和费用，很容易引起游客的审美疲劳，逐渐导致农业旅游的新鲜度下降，从而影响旅游业和农业耦合发展的持续性。

3.2.4 淡旺季差异明显

旅游业的重要特征之一是季节性，旅游季节性指的是旅游业在不同季节暂时失衡的现象，反映在游客数量、旅游消费、交通流量、就业和旅游景点等关键因素上。中国旅游业与农业的耦合发展主要体现在农业旅游产业。由于某些特定因素，农业旅游也受季节性因素的影响，季节性已成为乡村旅游经济社会发展的主要障碍。

目前，中国农业旅游开发的旅游项目仍主要集中在自然景观旅游领域，农村自然景观资源与其他的旅游资源相比，一般具有未被工业文明侵蚀的自然风貌和良好的生态环境，具有原生态和自然纯朴的特性，从而吸引了大量的游客。与此同时，这些与自然密切相关的旅游资源和景区受气候影响很大，特别是在中国北方地区，冬长夏短，旅游季节性现象明显。一些农业旅游项目以自然观光为主要旅游资源。由于季节性变化，使得农业旅游适合游客参观的时间非常短暂，这导致旅游业与农业融合发展过程中呈现出非常明显的淡旺季差异状况。例如，在休闲农业中，最具代表性的旅游项目之一是花卉观赏。因此，在花季时，很多花卉景点一票难求，游客爆满，而在淡季时又无人问津,游客稀少。

农业旅游的季节性对旅游季节的基础设施和接待能力构成严重挑战,在旅游旺季期间,农业旅游景点必须加大投入,才能有效满足游客的需求,但一旦进入淡季,花费大量资金建设的基础设施却又遭"冷却"。除此之外,农业旅游淡季也会导致大量旅游服务人员的赋闲,对当地经济社会发展影响巨大。因此,如何解决季节性导致的农业旅游发展不均衡现象以及其所带来的经济社会问题,是农业旅游发展过程中必须密切关注的重要课题。

3.2.5 乡村社区参与不足

从国内既有的研究来看,乡村社区参与不足是影响农业旅游可持续发展的重要因素之一。中国的农业旅游发展起步较晚,发展初级阶段也面临着乡村社区参与不足的问题。导致社区参与不足的原因主要有以下几点:

(1) 权力失败,由于中国的土地制度,农村居民对土地仅有使用权,没有所有权,致使当地居民在农业旅游开发中资本投入较少,话语权较弱。

(2) 乡村组织松散,没有强有力的社会组织引导乡村居民合理参与农业旅游。

(3) 资本的弱化,大部分农村地区的居民依靠农业获取收入,收入来源单一,收入水平相对较低,旅游业是一个资金需求量较大的行业,大多数乡村社区居民因缺乏投资农业旅游的资本而成为"局外人"。

(4) 信息不对称,由于乡村地区文化因素的制约,许多居民文化水平有限,社区技术性人才缺乏,大部分居民不了解农业旅游的发展现状和前景,也没有相应的技术背景支持,导致大部分居民只能参与低层次的旅游产品生产和景区劳作,而无法接触到农业旅游开发的核心技术层面。

(5) 外部力量的挤榨,农业旅游的发展涉及众多的利益相关者,如政府、外来企业等,乡村社区居民作为弱势群体,其利益受到这些利益相关者的压榨。

乡村社区作为农业旅游的利益相关者以及核心主体,在中国却存在严重的社区参与不足问题,导致中国农业旅游发展的不可持续性和发展方向的模糊性。因此,理清农业旅游发展的本质与核心,溯本清源,从相关制度的建设与完善上去保障乡村社区居民的参与权与受益权,才能从根本上保障农业旅游的可持续发展。

3.2.6 未形成有效的产业链

产业链是以市场前景好,技术含量高,有较强的技术经济关联的优势企业与优质产品为核心,以技术和资金为纽带,所形成的上下连接、环环相扣的链条。其中,农业旅游产业链包括农业旅游要素产业(提供食、住、行、游、购、娱等产品和服务的行业)、农业旅游资源开发产业和营造良好的旅游休闲环境的相关产业。这些产业之间相互联系,形成了围绕旅游休闲资源产业的一系列产业链。从产业相关性的角度来看,旅游休闲产业是一个高度复杂的产业,不仅涉及食、住、行、旅、购、娱乐等内部核心产业,还涉及交通、娱乐、金融、邮政、电信、房地产和会展等相关产业。由于农业旅游资源具有"乡土性",农业旅游产业链与农村经济密切相关,使其产业联系更加紧密。目前,中国农业旅游产业链的发展主要存在以下三个问题:

(1) 农业旅游产业发展的深度和广度还不够。旅游业和农业相结合的产业链过窄、过短。中国农业旅游业的发展才刚刚起步,尚未形成一系列标准,农村的各种资源尚未得到充分有效利用。目前,除了相对成熟的"农家乐"旅游产品外,其他农业旅游产品在开发、设计、包装和营销宣传等方面还有较大的进步空间。许多农业旅游目的地不仅农家菜千篇一律,休闲旅游活动也大体相似,缺乏对乡村文化和乡村旅游资源的深度开发,产品层次单一、档次不高、特色不够鲜明,消费者很难感受和体验农业旅游休闲地的形象。由于农业旅游与农业的密切关系,农业旅游具有促进农村一二三产业发展的作用,但目前,中国农业旅游业的发展尚处于初级阶段,对农业经济的促进作用并不明显。

(2) 农业旅游产业链在区域内和区域间的交流与合作不足。农业旅游是一个地域和行业两方面综合性极强的产业,它需要与其他行业合作和沟通。一些与现有农业旅游相关性并不高的行业没有义务减少自身利益来配合农业旅游的发展。但客观来说,一些产业严重制约了农业休闲产品和农业休闲目的地的整体品位或形象,影响了农业旅游的发展,如部分地区交通行业与农业旅游之间缺乏协调,给当地农业旅游的规划、组织和实施带来了一些阻力。

农业旅游被视为中国许多农村地区的新经济增长点。但是,在农业旅游的发展过程中,各地区主要以区域发展观为主导,注重当地农业旅游发展,而忽视了区域内和区域间农业旅游产业链的联系,不具备产业链发展观。此外，各地区农业旅游与城市旅游的联系仍然较小，城乡之间的信息网络和旅游客源网络不健全，城乡之间的资源共享无法实现。

（3）核心企业的作用尚未充分发挥。核心企业在产业链中发挥着引领、带头作用，可以促进链条中其他产业的发展。目前中国农业旅游产业尚处于发展的初级阶段，行业的龙头企业在本产业还不成熟，甚至很多都是家庭作坊，很难起到带头作用，也导致中国农业旅游产业链成形困难，影响中国农业旅游的可持续发展。

3.3 旅游业与农业耦合发展的有利因素

旅游业与农业耦合发展，不仅取决于旅游产业发展的内在动力，而且充分利用了经济、社会和农业发展中的各种有利因素。探索发掘旅游业与农业耦合内生动力的同时，充分发挥旅游业与农业融合发展的外在优势，才能更好地促进旅游业与农业相互耦合。

3.3.1 政策支撑因素

（1）国家鼓励旅游发展。改革开放以来，中国旅游业迅速发展，目前已成长为全球旅游市场的瞩目新星。1985年，国务院决定将"旅游业作为国家发展的优先事项"正式列入国民经济和社会发展计划后，多个省市相继将旅游业确认为是地区重点发展产业。1998年，旅游业成为国民经济新的增长点，产业化和市场化进程加快。2013年，国务院颁布国家旅游休闲计划，进一步推进带薪休假制度的实施。拓展旅游消费新机遇，鼓励地方当局制定政策和措施，刺激居民消费旅游，从而提高旅游消费水平。2016年，国务院公布"十三五"旅游发展规划，提出要坚定不移地树立和积极落实五大发展理念。以改造升级，提质提效为主题，努力推动全域旅游发展。把旅游业看作是当下中国经济发展转型升级过程中的重要推动力及国家综合实力的重要载体。这些政策及制度的实施为中国旅游业的发展营造了良好的氛围。

（2）旅游扶贫战略有效促进乡村旅游发展。中国大部分贫困地区集中在经济基础薄弱的偏远山区。这些地区虽然其他经济资源匮乏，但大多保有丰富的自然资源或文化资源,具有发展旅游业潜在优势。20世纪80年代末期,中国部分地方政府及其旅游部门开始积极扶持试点乡村大力发展旅游产业,探索扶贫新道路。20世纪90年代中期,旅游扶贫战略正式确认实施。在第19届全国人民代表大会上,习近平总书记指出,发展旅游是乡村地区摆脱贫困的重要途径。把握乡村旅游发展大机遇,把地区资源转化为发展资本,进而推进农村地区扶贫攻坚工作的有效落实。此外,文化旅游部还与发展和改革委员会等部门联合颁布了《促进乡村旅游发展提质升级行动方案》《关于支持深度贫困地区旅游扶贫行动方案》等若干文件,同时积极协调财政部、国开行等部门加大对农业旅游的支持力度,提供旅游公共服务设施、财政、金融、政策和土地使用、乡村旅游示范项目交通基础设施等多方位的支持。此外,各级地方政府积极响应国家号召,多方位引导和支持有条件的乡村地区大力发展旅游业,从而促进乡村旅游的发展。

3.3.2 经济支撑因素

(1) 旅游业战略性地位显著。2017年,中国旅游业综合贡献8.77万亿元,占国民经济的综合贡献率达11.04%,对住宿、餐饮、交通运输等部门的贡献达80%以上,社会就业综合贡献达10.28%,其中旅游直接就业两千万余人,旅游间接就业八千万余人。2018年全国旅游工作会议中指出,中国旅游业的国民经济综合贡献和社会就业综合贡献均超过10%,中国已成为世界上第一大出境旅游客源国和世界第四大入境旅游接待国,国内旅游和国际旅游发展进入历史新阶段,旅游业已成为社会投资新热点(见表3-2和表3-3)。在此背景下,中国旅游产业已呈现出市场细分化、产品多元化、发展模式自由化等发展特征,促进旅游产业与其他产业的耦合发展已成为新时期中国培育复合旅游产品的重要途径。

表3-2 各年份国内旅游消费情况

年份	国内游客（百万人次）	游客人次（百万）		旅游总花费（亿元）	旅游花费（亿元）		人均花费（元）	人均花费（元）	
		城镇居民	农村居民		城镇居民	农村居民		城镇居民	农村居民
1994	524	205	319	1023.5	848.2	175.3	195.3	414.7	54.9
1999	719	284	435	2831.9	1748.2	1083.7	394.0	614.8	249.5
2004	1102	459	643	4710.7	3359.0	1351.7	427.5	731.8	210.2

续表

年份	国内游客（百万人次）	游客人次（百万）		旅游总花费（亿元）	旅游花费（亿元）		人均花费（元）	人均花费（元）	
		城镇居民	农村居民		城镇居民	农村居民		城镇居民	农村居民
2009	1902	903	999	10183.7	7233.8	2949.9	535.4	801.1	295.3
2010	2103	1065	1038	12579.8	9403.8	3176.0	598.2	883.0	306.0
2011	2641	1687	954	19305.4	14808.6	4496.8	731.0	877.8	471.4
2012	2957	1933	1024	22706.2	17678.0	5028.2	767.9	914.5	491.0
2013	3262	2186	1076	26276.1	20692.6	5583.5	805.5	946.6	518.9
2014	3611	2483	1128	30311.9	24219.8	6092.1	839.7	975.4	540.2
2015	4000	2802	1188	34195.1	27610.9	6584.2	857.0	985.5	554.2
2016	4440	3195	1240	39390.0	32241.3	7147.8	888.2	1009.1	576.4
2017	5001	3677	1324	45660.8	37673.0	7987.7	913.0	1024.6	603.3

资料来源：中华人民共和国国家统计局，http://www.stats.gov.cn/.

表3-3　　　　　　2008～2017年中国旅游业发展情况

年份	旅行社个数（个）	星级饭店数（个）	入境游客（万人次）	国内居民出境人数（万人次）	国内游客（亿人次）	国际旅游收入（亿美元）	国内旅游收入（亿元）
2008	20110	14099	13002.74	4584.44	17.12	408.43	8749.30
2009	20399	14237	12647.59	4765.62	19.02	396.75	10183.69
2010	22784	13991	13376.22	5738.65	21.03	458.14	12579.77
2011	23690	13513	13542.35	7025.00	26.41	484.64	19305.39
2012	24809	13378	13240.53	8318.17	29.57	500.28	22706.22
2013	26054	13293	12907.78	9818.52	32.62	516.64	26276.12
2014	26650	12803	12849.83	11659.32	36.11	569.13	30311.86
2015	27621	12327	13382.04	12786	40	1136.5	34195.05
2016	27939	11685	13844.38	13513	44.4	1200	39390
2017	28514	11346	13948.24	14272.74	50.01	1234.17	45660.77

资料来源：中华人民共和国国家统计局，http://www.stats.gov.cn/.

(2)休闲农业快速发展为农旅耦合提供机遇。作为一种新型农业产业形态和新型消费业态,休闲农业创造性地将乡村地区农业和旅游产业进行结合,让人们更深层次地体验农业生产生活的独特韵味,亲身参与田园生活、体验农耕文化,而非传统观光旅游的浅尝辄止式消费经历。围绕农村地区自然资源、农民生产生活传统风貌以及集聚地域特色的民俗村规,打造农业新功能,赋予该行业以文化传承、科技普及等功能在内的新职能,进而带动农村产业融合发展进入新阶段。这不仅是中国农业发展的新领域,也是旅游业融合创新的新路径。虽然该领域发展历程较短,但各级政府和农业各部门大力支持休闲农业的发展为农旅耦合发展提供强大推力、市场多层次需求给予旅游发展强大拉力下的共同作用下,全国休闲农业成绩赫然。2018年全国休闲农业接待超30亿人次,营业收入已达8000亿元,增速明显,这已成为中国农民参与度高、幸福感强的民生新产业,是农村产业的新亮点。目前,休闲农业和乡村旅游的结合主要有三种类型:第一种主要集中在城市郊区。是以"农家乐"为主的休闲旅游,主要提供食宿、游乐、采摘、购物等服务。第二种主要集中在景区周边,是以自然景观、特色风貌和人文环境为主的生态旅游。提供包括农家饭菜、宿营房屋、农事体验等服务。第三种是依托田园景观,以健康养生为主的休闲旅游,提供食宿、康养、保健等服务,主要集中在气候宜人、资源独特、农业生产集中连片的区域。此外,部分发展较好的农村地区已形成了一些有特色的农业嘉年华、特色小镇等休闲农业品牌。可以说,休闲农业的发展,为农业三产一体化创造了支撑条件,直接促进了农村一二三产业的融合,其快速发展也预示着旅游业与农业相结合发展的广阔市场前景。

3.3.3 文化支撑因素

目前,人们普遍认为旅游本身就是一种大规模的文化交流,任何旅游产品或旅游方式都有其自身的文化内涵,现代旅游活动本质上是一种文化活动。经过数千年的传承,中华文明以农业为载体,积累了丰富的文化资源。目前,中国农业正处于生产方式转变、产业结构调整、发展动力转型的关键时期,坚持质量兴农、科技兴农、绿色兴农,推动农业新业态发展,同时深刻发掘乡村地区人文价值,有效利用农村文化资源,是加快农业一二三产业融合,实施乡村振兴战略的重要途径之一。农村的文化资源从广义上讲,既包括农村自然景观,又包括人文景观。从狭义上讲,农村文化资源特指农村人文景观。

乡村优秀传统文化是在农耕文明的养育中积淀下来的,反映着中国乡村地区居民的价值观、审美观、民族性,在某种程度上描绘了农民的实际生产生活情景。作为一种独特的文化韵味,乡村文化蕴涵着乡村社会昂扬的生命姿态和至纯至善的价值理念:躬耕于泥土却不囿于庸庸碌碌的生活,朝气蓬勃、不懈追求。概括而言,传统乡村的文化价值包含四个方面的内容:第一,天人合一的处世理念。千百年来,中国农民与大自然和谐共存,日出而作,日落而息,顺应四时进行农业生产活动。第二,长期以来,传统儒家思想从仁义礼智信等多方面对乡村人民的伦理道德价值观进行塑造,树立了中国农民勤劳质朴的人物形象。第三,以血缘、地缘为纽带所构成的宗族礼法制度形成了乡村地区的基本价值体系,规范着世代农民的处事方式。第四,地区民风民俗作为当地农民独创的文化形式,承载着农村人民对美好生活的期望,是乡村社会的发展和延续。就农旅耦合角度而言,从乡村建筑到村落规则,这些具有浓郁地方色彩的旅游资源所涵盖的文化特征都能够为旅游业与农业的耦合发展提供支持。例如,云南省作为中国的旅游大省,充分利用了地区文化资源,如特色的民族节庆、传统文化民族服饰等进行旅游开发,为旅游者创造了独特的文化体验之旅。

3.3.4 社会支撑因素

(1) 农村居民技能与素养全面提升。改革开放以后,中国逐步开放了原有对人口流动控制,大量农民工涌向城市,城市化进程进入了加速期。根据2012年中国新城市化报告,中国的城市化率首次超过50%。城市化进程吸收了大量农村剩余劳动力,截至2017年,中国农民工总数已达到28652万人。在城市务工经商的过程中,农民工不仅获得了非农技能的学习,还将先进的理念和技能带去农村,从某种意义上说,此过程为农村地区的产业融合发展提供了人力资本投资,这在中国的部分农村地区已呈现出一定效果(见表3-4)。此外,政府不断增加鼓励支持人才下乡相关政策措施,也为农村地区的人才吸引力上升起到推动作用。整体来看,随着中国素质教育及九年义务教育的不断普及,加之城乡间互动频率提高,农村居民技能与素养的提升途径不断增加,这为农村产业融合提供了极其重要的人才保障。

表 3-4　　各地区农村成人文化技术培训学校发展现状

地区	学校数（所）	教学班（个）	结业生数（人）	注册学生数（人）	教职工数（人）
总计	70982	217120	29787579	28006345	140489
北京	2202	10800	920952	733350	1405
天津	1646	3759	331231	238406	1074
河北	3805	11075	1319613	929848	6900
山西	2412	4849	696930	764041	4666
内蒙古	674	1349	84292	96973	2127
辽宁	1521	4842	589879	697805	4560
吉林	1154	1342	149047	232900	3114
黑龙江	1044	2752	306146	280647	5984
上海	108	5422	570127	467099	895
江苏	5645	23848	5108207	4319644	14568
浙江	2414	24222	2566972	2380062	7735
安徽	204	3494	180790	201641	740
福建	1276	4306	414139	414309	3582
江西	114	261	12611	12798	243
山东	3825	11636	1276710	1120891	8536
河南	7191	12640	1926540	1879323	10391
湖北	427	1101	205029	218327	1574
湖南	736	2374	256393	281463	1767
广东	436	10016	1433737	1388921	4348
广西	17	17	2820	2970	34
海南	217	1855	39880	39880	686
重庆	3683	11650	1066107	1026935	3251
四川	4013	10540	1844969	1840895	8354
贵州	5288	7648	1283257	1306442	11233
云南	9024	26027	4605199	4260703	7834
陕西	6712	11076	1065272	1043585	19590
甘肃	2134	2354	265228	271599	3597
青海	927	567	27540	23871	399
宁夏	1	7	812	762	6
新疆	2132	5291	1237150	1530255	1296

资料来源：中国教育统计年鉴（2016）.

（2）社区居民参与意愿显著。自工业革命以来，人们的物质生活得到了极大丰富，但环境问题也在不断加剧。城市化进程不断加快的同时，密集的建筑物、嘈杂的环境，无形中也给居民带来了环境压抑。此外，高强度工作和单调的城市生活也会让人们有逃离城市的想法。一方面，城市生活为居民提供了舒适的条件和较高的收入水平；另一方面，长期的城市生活也会提升其对于农村生活的向往，从而加大居民的乡村旅游消费需求。因此，从主观和客观需求而言，大多数社区居民对于乡村生活都有着美好的憧憬，愿意参与农业旅游发展，体验浸入式农村生活，这种积极的参与意愿为旅游业和农业耦合发展提供了强大的市场驱动力。

（3）农民致富主观意愿强烈。农业旅游的短暂发展已带领一批最早参与旅游业与农业融合发展的改革先行者提前迈入小康社会。而在农村地区传统熟人社会背景下，先行者的成功案例所具有的极佳宣传效果将带动更多农民加入农旅耦合发展的尝试中。此外，农村人民大多性格淳朴善良，对于美好生活都充满向往，此点尤其体现在其对财富的追求，因而他们对村官或者创业成功者提出的意见和建议普遍具有较高的执行力。并且，农村社会财富差距的变化对于财富未增加群体会产生极大的刺激，在信息获取渠道有限的情况下，他们往往会选择模仿身边的成功案例进行致富尝试。综上，早期成功的农业旅游探索将会在农民主观致富意愿的支持下进入一个新的良性循环。

3.3.5 资源环境支撑因素

中国地大物博，地理环境差异大，气候条件也不尽相同，加之地形地貌的差异，形成了中国多种多样的自然景观和独具特色的农业生产形式。这为广大农村地区旅游业的发展提供了资源优势。从内容看，丰富的乡村旅游资源包含地理、水文、植被等自然旅游资源，以及建筑、民俗、节庆等人文旅游资源。换言之，农业旅游可利用的乡村景观，实质上是一种文化与自然环境相结合的乡村地域复合体。地区农业旅游资源作为一种独特地域景观，它是物质要素和非物质要素共同组成，地区自然环境会制约当地农业生产形式和发展状况；同时，农村劳动人民奋强拼搏，以人力适应和改变原始环境。形成了诸如以岭南水乡、江南水乡为代表的水乡景观、以哈尼梯田、龙胜龙脊梯田为代表的梯田景观、以大兴安岭、西双版纳国家森林公园为代表的森林景观以及以内蒙古草原、青藏高原为代表的草原景观等各具特色的景观。

一般来说，乡村旅游资源的物质成分是指田野村舍、宗族建筑等特定物质实体。这些物质元素的不同组合，形成了不同乡村景观的外在特征，如草原、牦牛、青稞茶、碉房、哈达、寺庙等构成了藏族乡村特有的景观。此外，乡村旅游资源的非物质成分是指宗族信仰、风俗习惯、地区方言、宗族规范等。虽然非物质成分是无形的，但游客可以通过接触其实物感受非物质文化的魅力，这些构成了乡村旅游资源的轴心成分。物质要素和非物质要素的多种组合，为农业旅游的发展提供了多样性的支撑（见表3-5和表3-6）。

表3-5　　　　　　　　　各年份全国自然保护区情况

年份	自然保护区数（个）	国家级（个）	省级（个）	自然保护区总面积（万公顷）	国家级（万公顷）	省级（万公顷）
1997	926	124	392	7698	2647	4606
1999	1146	155	404	8815	5816	2265
2000	1227	155	433	9821	5806	3031
2005	2349	243	773	14995	8899	4487
2010	2588	319	859	14944	9268	4175
2011	2640	335	873	14971	9315	4239
2012	2669	363	862	14979	9415	4126
2013	2697	407	855	14631	9404	3919
2014	2729	428	858	14699	9652	3778
2015	2740	428	879	14703	9649	3796
2016	2750	433	885	14733	9653	3789

资料来源：中国农村统计年鉴（2017）.

表3-6　　　　　　　　2017年中国风景名胜区和各类国家公园

类别	5A景区	4A景区	自然保护区	森林公园	水利公园	地质公园	湿地公园
数量	249	1284	2740	881	719	206	836

资料来源：根据国家林业局网站资料整理，http://www.forestry.gov.cn/.

依托于农村地区资源禀赋，农业旅游能形成其他旅游市场无可替代的核心竞争力。丰富的绿色果蔬农产品可支撑采摘旅游的发展；静谧舒适的环境以及其地区特有的药用生物资源有助于支撑农村地区康养旅游产业的发展；而清新的空气和有别于城市一成不变现代景观的自然风貌为农村休闲旅游的发展提供必要基础。此外，中国农业发展长久以来，一直遵循自然规律，生产生活与季节变换同周期运作，并在长期的观察与总结中，形成了诸如"二十四节气"在内的智慧结晶。而农村旅游资源所具有的季节性变化规律，在提高游客粘性，增强游客重游意愿，打造地区农业旅游特色品牌等方面都发挥着积极效应。总而言之，乡村旅游资源的多样性、独特性及季节性等众多特征，为农业旅游的发展提供了有力的资源支撑。

3.3.6 技术支撑因素

（1）科技进步催发农村新业态发展。技术创新引发的产业间技术融合，为产业耦合发展奠定基础。互联网信息技术、基础设施工程技术、现代生物技术等产业的技术创新及渗透扩散，无不对旅游业和农业的发展产生推动力。提高科技渗透农业水平，可以为"三农"产业发展和新兴产业的发展提供必要的支撑。农业科技的支持和推广更多的是充分利用现有的成熟技术和继承的创新技术与农业相结合。例如，信息技术和互联网技术的发展催生出多种农业新业态，农产品质量在整个过程中都可以追溯；同时，生物技术的发展也催生出新型生态农业。许多蔬菜种植基地和生态果园不仅为当地居民提供无污染的有机绿色食品，而且成为一种极具吸引力的农业旅游资源。随着人们对农业认识的不断深入，农业多功能领域越来越广泛。这些领域的科技进步也为农村三产一体化的发展提供支撑。包括合理开发和科学利用各种农业资源，充分利用农业废弃物，大力发展节能环保型特色农业；促进农业内各行业之间的有效衔接，发展循环农业；丰富农产品加工领域，促进农业产业链向外延伸。

（2）科技进步为农旅耦合发展提高便捷度。大数据时代下，数据的多元化处理及运用为旅游业和农业的耦合发展提供便捷的信息，数字景区的建设积极推动信息技术在旅游经营管理和消费服务环节的运用，极大地便利游客的出行。同时，截至2016年末，中国农村地区的宽带覆盖率已达89.9%，电子商务配送点增至25.1%，这为城市和农村间的产品、技术往来提供了便捷的条件，对于农村产业结构升级大有裨益。此外，截至2017年末，全国高速公路里程达136449公里，全国铁路营业里程已达127000公里，全国城市轨道线网总规模增长迅速，"三纵五横"的现代大型交通运输网络已初具规模，城乡间的交通通达度获得显著地提升（见表3-7）。而这些技术的进步带来的红利都为农旅耦合发展提供新的机遇。

表3-7　　　　　　　各年份中国交通发展情况

年份	公路里程（公里）	高速公路程（公里）	铁路里程（公里）	公路客运量（万人）	铁路客运量（万人）
1990	1028300	500	57900	648085	95712
1995	1157000	2100	62400	1040810	102745
2000	1679800	16300	68700	1347392	105073
2005	3345200	41000	75400	1697381	115583
2010	4008200	74100	91200	3052738	167609
2011	4106400	84900	93200	3286220	186226
2012	4237500	96200	97600	3557010	189337
2013	4356200	104400	103100	1853463	210597
2014	4463900	111900	111800	1736270	230460
2015	4577300	123500	121000	1619097	253484
2016	4696300	130973	124000	1542759	281405
2017	4773500	136449	127000	1456784	308379

资料来源：中华人民共和国国家统计局，http://www.stats.gov.cn/.

3.4　旅游业与农业耦合发展的不利因素

3.4.1　政策支持与监管不力

（1）缺乏精准政策扶持。旅游业与农业的健康融合离不开相关政策支持。从国家农业农村部以及各省级层面来看，已经有许多关于农业旅游发展方向、发展模式的指导意见出台，但农业旅游发展主体最终涉及的是乡村干部群众以及基层企业，只有将政策支持不断细化，让优惠政策真正落实到相关发展主体上，才能有效提高休闲农业、乡村旅游的群众参与意愿，进而促进农业旅游的快速发展。因此需要基层政府和有关部门在认真研读中央下达的政策意见基础上，结合地方具体实际，出台一些能够惠及基层群众和休闲农业企业的外部支撑政策，为他们的未来发展尽可能提供更多、更精准的帮助。

以土地流转政策为例。随着中国农业集约化、机械化、规模化发展方向的确定，农村土地流转成为一大必然趋势，既符合中央倡导的"藏粮于地，藏粮于技"要求，也是实现规模农业、农民脱贫以及美丽乡村建设的重要举措之一。然而对于休闲农业企业经营者来说，土地流转过程中高昂的费用提高了经营成本，加重了经营负担，降低相关从业人员参与农业旅游的积极性。再者，土地流转中的农业补贴支持对乡村旅游经营企业倾斜不够，旅游业与农业耦合发展所需的公共服务提供不足，导致农业旅游发展的外部支撑较弱，难以起到正向作用。

（2）缺乏统一高效的管理体制。旅游业与农业的耦合主要涉及第一产业和第三产业各生产部门，他们相互之间的利益协调与市场秩序的稳定是农业旅游发展的基础。正因为跨产业跨部门的各利益主体之间的诉求点不同，建立一个统一管理的、高效的、科学的服务体制刻不容缓。目前，从中国农业旅游发展实际来看，旅游市场管理边缘不清、界限不明导致的"监管真空"或是"双重监管"问题，限制了农业旅游的发展。同时，不健全的市场秩序规范会使无序竞争、场外交易等违法行为损害合法经营主体的利益，造成不公平现象，影响整个农业旅游市场的稳定。因此，缺乏高效统一的市场管理体制以及法律法规的不健全，是旅游业与农业耦合发展的一大阻力因素。中国国土广袤、历史悠久、风光秀丽，在历经岁月的长河积淀后，形成了无比丰富的旅游资源。具体来看，一些地区适合发展自然景观资源，一些省市适合发扬历史人文文化，农业旅游的发展要求不同旅游资源的丰富整合，单一的吸引点对旅游消费者产生的吸引力十分有限，带来的经济效益也难以得到保证。因此缺乏完善的沟通协调机制容易造成各生产部门之间联系不畅，各自为战，沟通交易成本仍处于较高水平，大大降低农业旅游生产发展效率。以乡村旅游为例，其主要涉及的众多利益相关主体主要包括政府部门、基层企业、农民、旅游消费者等。政府部门的主要任务就是发挥宏观统筹规划职能，在众多生产单位和利益主体之间进行协调沟通，解决信息不对称问题，完美对接消费需求与生产供给，有效提高休闲农业接待水平，跳出农业旅游发展瓶颈。

3.4.2 经济基础设施落后

（1）融资渠道不健全。对于农旅耦合产业来说，土地费用、建筑费用、人员工资以及机械设备等方面均需要大量的资金投入，而且较长的资金周转期使得企业融资难以得到保障，极大地阻碍了休闲农业的发展。而且中国休闲农业发展历史较短，企业资金有限，规模不大，因此大多从事乡村旅游开发的企业内部积累不足，能够用来抵押和担保的资产有限，内部融资潜力小，融资缺口较大。

融资渠道狭窄。中小型农业企业占中国休闲农业企业的绝大部分，而农村金融体制尚不完善，没有明确针对农业企业的扶持项目和贷款资金，使休闲农业企业被迫放弃最安全、直接的融资方式。另一方面，信息不对称等因素使资产评估机制难以实行，银行等金融机构会因为农业项目经营的风险性而拒绝给予资金支持。此外，目前中国证券市场对上市公司的经营情况和财务报表的要求较高，上市条件严格，中小型休闲农业企业很少有能够通过此途径而获得外部融资的。

信用担保体系滞后是休闲农业企业筹资融资的一大阻碍因素。鉴于发展历史和自身经营状况等原因，企业通过资产抵押和自身信誉获得信贷的额度非常有限，要求更有效的信用担保方式进行融资。但是目前中国农村信用担保体系建设的落后性，使企业无法通过有效途径获得信用担保，更不用谈休闲农业发展问题。

融资成本高。企业融资成本主要包含银行贷款的利息，及其他借款方式产生的筹资费用。中小型休闲农业企业在进行银行信贷融资时，往往很难享受到国有企业所享受到的优惠利率，因此通常要支付更高的银行利息，成为企业一大巨额支出。此外，贷款担保方式不仅手续繁杂，企业还要付出担保费、抵押资产评估费等额外费用。

（2）区域配套设施不完善。就中国目前旅游业与农业耦合发展现状来看，农业旅游企业所能提供的旅游产品以及相关配套设施并不能很好地满足旅游消费者的期望。旅游目的地的接待水平很大程度上会影响旅游消费者的消费决策，因此包括食、住、行、游、购、娱在内的六大方面的基础设施、服务水平等需要重点关注。以食为例，乡村地区农家乐和住宿业均由当地村民自家开办，而且多为民居改建而成，周围饲养家畜的情况较为普遍，缺少乡镇卫生部门的监管，环境卫生难以得到保障。另外，就娱乐设施而言，其类型单一、形式简单，缺乏创新。由于乡村的闭塞性及落后性，极少数乡村能够提供较高层次的休闲娱乐设施，大部分仍停留在最简单基础的娱乐活动如打扑克、打麻将之类，很难满足游客需求，尤其是来自城市的具有较高文化水平的旅游者。基础设施不健全也是阻碍农旅耦合发展的一大不利因素。

如某些地区交通设施不完善，路况差导致旅游开发地可进入性差，道路狭窄可能带来堵车等问题，交通标志不健全则极大地影响着道路安全以及游客人身安全，给游客带来较差的旅游体验，形成较差的口碑效应。

3.4.3 乡村文化原真性丧失

"原真性"是国际上对文化遗产评估、保护和监控的基本要求，也就是保持最初的模样。由于绝大部分乡村不是文化遗产，那么保持绝对的"原真性"既不可能做到，也无须完全做到。维持乡村原真性最主要的就是要尊重村庄的差异性，尽可能维持其原有基本格局与风貌，一切在乡村开展的建设活动都应以大体保持原貌为前提。

城镇化进程的推进和新农村建设的发展使乡村面貌焕然一新，新的生活方式和开放的思想也日益冲击着农村居民的传统观念。由于当地居民缺乏专业保护意识，许多富含特色的古老民居建筑如祠堂、街巷等，在新农村建设中走向了消亡，取而代之的是混凝土建筑和规划齐整的新民居，给传统乡村文化景观带来了巨大的破坏。加之近年来乡村旅游的风靡使大量游客不断涌入传统古村落，许多乡村已经不堪重负，文化消费给当地居民带来了巨大的生产压力。旅游消费需求与当地环境承载力之间的巨大差距造成了游客旅游体验差、满意度低的问题，一定程度上破坏了原本的村落形象。过度或无规律的开发导致农村风貌失去了传统的历史感，一些村镇或古村落只剩下外形古朴，内部被完全商业化了，日益失去原本的质感和意境。

3.4.4 各参与主体缺乏专业性

旅游业与农业的耦合发展起步晚，过程曲折，内容复杂，需要各参与主体拥有较强的专业性，然而目前不论是农业参与者、地方政府部门还是休闲农业企业在科学理论知识方面都较为薄弱。

（1）农业从业人员专业知识匮乏。中国农村地区受教育程度不足导致农民在文化水平以及农业科技知识方面比较贫乏，绝大多数农民主要依靠传统务农经验和原始生产方式进行生产，其能力和实力不能很好地满足于现代农业的要求。农业从业人员科技知识匮乏，导致较多科研成果无法应用于实际，技术成果转化率低。

在营销宣传方面，农业旅游的融合一定程度上受到了乡村发展环境的制约。电子商务的快速发展以及互联网大数据的发展为诸多行业带来了新的发展生机和发展面貌，然而农村地区缺乏技术人才和技术发展环境，仍使用传统的旅游宣传方式和经营方式很难达到理想的宣传效果。旅行社组团运营模式很容易出现中间环节太多，而导致休闲农业经营者利润下降的问题，影响休闲农业经营者的生产积极性。

（2）地方政府部门缺乏长远规划。近年来，地方政府在选择项目和开发的过程中，常常存在短视问题。不适宜的大型旅游项目的开发，导致旅游资源被过度开采和旅游景区环境污染的日趋严重，使旅游发展环境受到较大威胁。旅游资源的合理开发和利用是旅游业可持续发展的重要基础，但大多数旅游景区发展现实显示，追求经济利益的重要性早已超过环境保护的重要性，对旅游资源的开发或多或少存在着盲目开发、利用的情况。不仅如此，人们还缺乏对旅游与环境关系的正确认识，一味强调到大自然中去参与旅游活动，而忽视了旅游资源在开发与使用的过程中可能会受到的来自人类的破坏和威胁，缺少对旅游资源的保护。对于旅游目的地来说，目的地规划和管理建设速度跟不上旅游业发展速度，同样会导致旅游业与农业耦合处于不利境地。由于我国人口众多，且国民的生态环保意识较弱，可能造成旅游目的地水体污染、空气污染和森林植被破坏等一系列问题，影响农业旅游赖以发展的生态环境出现不可逆破坏。

（3）企业品牌化经验缺乏。对于农业旅游发展企业来说，通过塑造休闲农业品牌可以有效提高产品的市场认可度和信誉度，实现品牌的传播、推广。但是目前中国农业旅游企业普遍存在着品牌意识淡漠，品牌培育力度小的问题。许多休闲农业经营者并没有意识到培育品牌的重要性，仅仅只顾眼前利益，缺乏对产品特色的挖掘和创新营销方式的开展，使休闲农业市场竞争力不足，所占市场份额有限。同理，当大部分休闲农业企业忽视品牌经营和品牌维护时，由于地域性带来的旅游产品同质化问题就可能引发经营项目雷同，无序竞争，甚至罔顾市场秩序的恶性竞争现象，从而危害整个地区的旅游形象。

3.4.5 生态环境日益恶化

在农业农村经济发展取得巨大成就的同时，农业资源过度开发、农业化肥过量使用、地下水超采等一系列环境问题日益凸显，旅游业与农业耦合发展面临严峻考验（见表3-8）。

表3-8　2016年各地区耕地灌溉面积和农用化肥施用情况

地区	耕地灌溉面积（千公顷）	化肥施用量（万吨）	氮肥	磷肥	钾肥	复合肥
全国	67140.6	5984.1	2310.5	830.0	636.9	2207.1
北京	128.5	9.7	4.4	0.5	0.5	4.2
天津	306.6	21.4	9.0	2.9	1.5	8.3
河北	4457.6	331.8	145.0	45.2	27.7	113.9
山西	1487.3	117.1	31.6	14.8	10.4	60.3
内蒙古	3131.5	234.6	98.4	42.9	19.1	74.2
辽宁	1573.0	148.1	60.5	10.8	11.6	65.2
吉林	1832.2	233.6	66.9	6.9	15.2	144.6
黑龙江	5932.7	252.8	87.1	50.7	36.4	78.6
上海	189.8	9.2	4.6	0.6	0.4	3.5
江苏	4054.1	312.5	158.2	40.9	18.9	94.6
浙江	1446.3	84.5	44.2	9.7	6.6	24.0
安徽	4437.5	327.0	104.9	32.1	30.7	159.3
福建	1055.4	123.8	47.5	17.7	24.8	33.8
江西	2036.8	142.0	41.2	22.1	21.2	57.4
山东	5161.2	456.5	146.0	47.1	39.6	223.7
河南	5242.9	715.0	228.3	113.8	63.3	309.6
湖北	2905.6	328.0	134.0	59.1	30.7	104.3
湖南	3132.4	246.4	100.4	26.6	43.1	76.3
广东	1771.7	261.0	104.8	25.0	51.1	80.1
广西	1646.1	262.1	74.9	31.1	59.0	97.2
海南	290.0	50.6	15.5	3.3	8.8	23.0
重庆	690.6	96.2	48.4	17.4	5.4	25.0
四川	2813.6	249.0	121.9	48.9	17.9	60.2
贵州	1088.1	103.7	50.9	12.3	10.1	30.4
云南	1809.4	235.6	115.5	35.0	26.2	58.9
西藏	251.5	5.9	1.9	1.2	0.5	2.3

续表

地区	耕地灌溉面积（千公顷）	化肥施用量（万吨）	氮肥	磷肥	钾肥	复合肥
陕西	1251.4	233.1	92.2	19.1	24.7	97.1
甘肃	1317.5	93.4	38.6	18.3	8.4	28.2
青海	202.4	8.8	3.6	1.5	0.2	3.5
宁夏	515.2	40.7	17.4	4.4	2.7	16.2
新疆	4982.0	250.2	112.6	68.2	20.1	49.3

资料来源：中国环境统计年鉴（2017）。

农村环境污染问题比较突出。在乡村，农业内源性污染十分严重。富营养化肥施用量大，农药、农膜等污染性较大的农业辅助物回收处理率不高，秸秆焚烧现象普遍，大气污染严重。农药排放缺乏监管，导致河流富营养化问题突出，渔业资源严重受损，农业农村环境污染有加重态势，直接影响了农业旅游的发展。

资源约束加剧。中国是一个人口众多，人均土地少的国家，水资源总量丰富但人均较少是中国的基本国情。根据2015年农业农村部公布的《全国农业可持续发展规划》显示，目前中国面临的资源危机越来越严重，每年建设用地占用耕地面积仍居高不下，耕地土壤肥力下降，土壤酸化、耕作层变浅等问题日渐凸显（见表3-9）。农田灌溉水利用效率较低，导致部分地区地下水超采严重。然而中国粮食等农产品需求仍在不断增长，水土资源约束也日益紧张，确保国家粮食有效供给与环境资源约束的矛盾日益尖锐。

表3-9　　　　　　2016年各地区耕地变动情况　　　　　　单位：公顷

地区	本年减少耕地面积	建设占用	灾毁耕地	生态退耕	农业结构调整
全国	345024	253760	6302	52023	32938
北京	3895	1502	0	2245	148
天津	1469	1248	0	0	221
河北	21914	17026	1251	194	3443
山西	5604	4219	225	30	1131
内蒙古	5223	4455	0	0	768
辽宁	4576	4055	0	0	521
吉林	6109	4633	526	0	950

续表

地区	本年减少耕地面积	建设占用	灾毁耕地	生态退耕	农业结构调整
黑龙江	6603	5758	0	0	845
上海	1376	1349	0	0	28
江苏	19506	17244	213	0	2049
浙江	10847	10401	4	0	442
安徽	19336	17689	388	0	1259
福建	5406	4803	74	0	529
江西	8496	7361	828	0	308
山东	20735	16271	127	62	4276
河南	29901	27552	87	0	2262
湖北	16679	12559	719	1128	2273
湖南	8539	7673	56	9	801
广东	8557	8449	0	3	106
广西	7262	6900	0	0	362
海南	5353	1157	0	4026	170
重庆	56385	10338	222	42673	3152
四川	13340	12301	30	0	1010
贵州	14546	13006	570	0	970
云南	11587	10868	29	0	690
西藏	1570	1443	66	0	61
陕西	8787	7603	172	0	1013
甘肃	7295	5891	517	0	887
青海	1564	1338	150	0	75
宁夏	3149	2462	50	265	372
新疆	9413	6206	0	1389	1818

资料来源：中国环境统计年鉴（2017）.

污染治理问题严重。水土资源管理体制机制尚未建立，山水、森林、土壤、湖泊等自然资源得不到统一的保护和治理。政府和企业作为环境治理主体，面临着经济利益与环境治理的矛盾，往往存在片面追求经济发展，忽略环境污染带来的后果问题。再者，农村地区环境治理能力弱，基础设施条件差。就目前中国农村而言,许多地区缺乏环境治理设施,如标准垃圾池、废水净化厂等,导致大量的生活垃圾和废水无法得到及时净化,严重危害农村生产生活环境。

3.4.6 农业旅游信息技术限制

信息技术手段是促进旅游业与农业耦合的关键因素。先进的技术手段可以作为旅游产业融合的支撑,使各个产业和各个部门能够有机结合,相互联系。同时,也是一个好的平台,为农业旅游发展增添特色,丰富文化内涵。由于中国农业现代化发展历史短,基础薄弱,与其他发达国家的高科技农业发展相比仍有较大差距,投入与产出效率有待提高。只有不断增强中国农业科技水平,提高农业生产效率,才能解放更多被束缚在土地上的农业劳动力,让他们能够投入到休闲农业与乡村旅游发展之中。

在"互联网"技术高速发展的今天,旅游业与农业之间的融合离不开信息技术发展和网络技术的应用,信息化水平会直接影响产业融合的深度。根据中国农村地区实际情况分析可知,信息化技术发展水平在逐年提高,但其利用率和普及率仍处于较低层次。农村地区落后的网络基础设施和较低的受教育水平,使农村地区信息化技术掌握程度不高,旅游业与农业耦合缺乏及时的信息沟通和交流平台,导致旅游产品同质化严重。与此同时,最基础的旅游资源开发方式仍然是各地包括网络发达地区主要的发展模式,信息技术融入的缺失导致农业旅游发展中的营运管理面临难度大、成本高的难题,影响旅游项目服务接待水平的提高。

第4章 旅游业与农业协调发展水平评价的耦合实证分析

在第3章对中国旅游业与农业协调发展定性分析基础上,本章基于层次分析法与耦合模型对中国旅游业与农业协调发展水平进行定量研究。评价旅游业与农业协调发展水平需要建立科学的评价标准和指标体系,根据第3章分析的旅游业与农业发展现状以及存在问题、有利因素及不利因素,并综合考虑指标及数据的可获得性,设置相关指标、构建评价指标体系。旅游业与农业都对中国经济发展具有重要推动作用,因此在定量研究旅游业与农业耦合协调发展水平前,首先运用层次分析法分别对旅游业与农业发展水平进行评价,为后续研究打下基础。

4.1 旅游业与农业协调发展水平评价指标体系思路及原则

4.1.1 评价指标体系设计思路

对旅游业与农业耦合协调发展水平评价可以体现旅游业与农业耦合协调发展的程度和所处阶段。对于旅游业与农业各自发展水平的评价,按不同层次划分有不同的评价方法。运用层次分析法评价旅游业发展水平与农业发展水平,旅游系统与农业系统分别选取规模指标、结构指标、成长指标与效率指标表示旅游业与农业的发展水平。

(1)旅游发展水平评价体系建立。旅游业与农业的耦合主要是指旅游业提供服务功能,农业提供资源的耦合模式,旅游业与农业耦合能够促使旅游产品数量丰富、质量提升及旅游新业态发展。本章根据旅游系统与农业系统耦合水平，并结合旅游业自身发展情况，将旅游系统分为旅游规模，主要指旅游对国内 GDP 的贡献和国内旅游收入及国内旅游人次等规模大小；旅游结构，指的是不同旅游业各主体对旅游总收入贡献程度；成长指标衡量的是旅游业发展状况；旅游效率，指的是旅游业生产活动效率高低。

①旅游规模。目前中国旅游业发展迅速，旅游休闲已经成为消费者日常。本章选取国内旅游人次、旅游总收入、旅游收入占 GDP 比重以及旅游人均花费等指标来衡量中国旅游规模大小。

②旅游结构。基本旅游消费是指一次旅游活动必需消费，如住宿、餐饮、交通等费用，其他费用由于弹性较大不纳入基本旅游消费，如医疗费用及通信费用。由于基本旅游消费占旅游活动消费比重大，因此选取观光游览、交通运输、餐饮、住宿以及购物费用占总费用比重，作为旅游基本结构指标，随着中国物质条件提升，娱乐也成为旅游基本消费重要部分。

③成长指标。本章从旅游总收入、旅游就业及旅游景区三个维度衡量中国旅游经济发展状况。

④旅游效率。旅游业是中国经济的重要组成部分，本章选取旅游业劳动生产率、旅游业增加值率、旅游业固定资产投资效果系数衡量中国旅游经济效率。

（2）农业发展水平评价体系建立。当今农业发展主流是可持续发展。可持续发展有利于促进农业经济由粗放型向精细型转变，使农业发展与资源、环境相协调，有利于农业经济结构的调整。旅游业与农业融合能够促进农业从业人员积极转型，农业向节约资源型、可持续型农业发展。本章将农业系统分为农业规模、农业结构、成长指标、农业效率。

①农业规模。农业劳动力流失表现为农业适度规模化。从农业生产总值来看，1995～2017 年，中国农业规模呈现先增长后下降的趋势。中国农业逐渐向规模化发展，本章选取农林牧渔业总产值、农林牧渔业总产值占 GDP 比重、就业人数占总就业人数比重来衡量中国农业规模发展的过程。

②农业结构。农业结构由中国农业中作物栽培及牲畜、家禽饲养等部门构成。2004 年以来，中国的各项农产品全面增产、供给充足、品种改善、品质提升，农业区域、产业结构更趋合理，农民收入持续增长。本章就这一方面，选取传统农业总产值占比、林业总产值占比、畜牧业总产值占比、渔业总产值占比等来研究近年来中国农业结构变化问题。

③成长指标。农业经济发展连续五年保持良好势头。本章采用农林牧渔

业总产值增长率、农业就业增长率、农业固定资产投资增长率衡量中国农业发展状况。

④农业效率。农业劳动效率是完成各项农业工作数量与劳动消耗量的对比关系。一般说来，劳动效率高，农业产量高，农业劳动生产率高。本章采取农业劳动生产率、农业增加值率、农业固定资产投资效果系数来衡量中国农业劳动效率。

以上这些指标或通过现行国民经济社会统计指标直接获得，或通过推算得到，有些数据获取存在困难，难以量化。旅游业—农业系统是一个复杂的系统，对其协调发展水平评价目前处于探索阶段。本章以此为主要思路，考虑数据可获得性和可操作性原则，构建旅游与农业协调发展水平评价体系并对相关指标进一步分析。

4.1.2 评价方法说明

纵观相关文献，旅游业与农业耦合协调发展研究较少，尤其是运用数理工具方面。对旅游业与农业协调发展水平评价量化方法论研究，没有成熟公认的方法。学术界对于相关研究，采用各种方法不尽相同。

（1）基于回归分析的相关系数法。这种方法运用于经济社会发展分析中，有很大不确定性。因此用来测算旅游业与农业协调发展水平有其局限性。

（2）赫芬达尔指数法，简称 HHI 法，它实际上是一种测算产业集中度的方法。产业集中度更多反映的是产业集聚程度和市场垄断程度，并不能够揭示产业耦合内在联系。

（3）灰色关联分析方法。灰色关联分析对旅游业与农业协调发展水平分析有作用，无论是采用时间序列数据或是横截面数据，都能进行分析工作。但其最大不足在于只是揭示关联度的次序，即其结果只是反映关联度排序前后，无法说明协调耦合发展水平和程度。

（4）基于投入产出分析的产业关联分析方法。这一方法对于分析旅游业与农业协调发展水平而言，确实是较好的方法。但这种方法的前提是构建旅游业与农业的投入产出表，这就给研究旅游业与农业发展水平带来难度。

（5）熵值法，由于熵值法所计算出来的权重只是反映样本数据本身的变化幅度，变化幅度越大认为数据可利用价值越高，权重越大。这种方法虽然是客观赋权，但是不能代表指标本身的意义，在旅游业与农业协调发展水平评价中并不适用。因此给应用此方法带来制约。

正是基于上述研究分析方法受到制约的考虑，本章采取层次分析法和耦合协调模型来进行旅游业与农业协调发展水平的评价。

4.1.3 评价指标体系构建原则

构建旅游业与农业协调发展水平评价指标体系，对指标选取是一个主观活动。为避免可能出现的指标选取不当，构建这一评价指标体系需要把握四条原则。

（1）可持续性发展原则。可持续发展是指要同时满足当代人及后代人需求，即指经济、社会、资源协调发展。旅游业与农业的耦合，即农业提供基本资源，旅游业提供服务性功能。两者结合一定要以可持续性发展为前提。

（2）指标可获得性原则。在理论上可能会设计一个较全面的系统指标体系，但如果此指标体系涉及的指标在实际工作中缺乏可获得性，那么此指标体系就成为空中楼阁。因此在构建旅游业与农业协调发展水平评价指标体系时，必须要考虑到指标获取的可能性。由于中国并没有针对旅游业与农业发展设计的统计指标体系，因而更要认真思量现有统计指标体系中的指标选取。此外，在构建旅游业与农业协调发展的评价指标体系中，针对难以获取的指标，要考虑在现有的统计指标体系中，选取能够在反映评价指标内容的替代性指标。

（3）可操作性原则。构建旅游业与农业协调发展水平评价体系，目的在于建以致用。就本章研究而言，构建此评价指标体系，必须能够进行具体的量化实证分析。旨在通过层次分析法和耦合模型，构建旅游业与农业协调发展水平评价指标体系来评价两者各自发展水平及其耦合协调发展水平，从而判断旅游业与农业耦合发展水平的高低，并进一步推动研究工作。

（4）指标与其经济效应必要衔接的原则。尽管前者反映的是耦合水平和程度，而后者反映的是耦合影响和作用，但经济效应必然也会作用于耦合水平。因此二者有必要的衔接是成立的。但由于数据获取的局限性，在分析经济效应时多用的是某一时间节点上的数据，而这无法完全满足耦合水平评价对时间序列数据和横截面数据连续性的要求。因此为实现二者的必要衔接，只能在与经济效应相关的指标中选取若干能够满足水平评价体系要求的指标。

4.2 旅游业与农业协调发展水平评价指标体系构建

4.2.1 评价体系相关指标选取

评价体系相关指标选取即是旅游业与农业协调发展水平评价指标体系相关指标的设置。根据评价体系构建应遵循的原则，构建中国旅游业与农业协调发展水平评价指标体系。

（1）中国旅游发展水平指标构建。在此评价指标体系中，旅游业发展水平设置一级指标2个，二级指标4个，三级指标17个。对中国旅游业发展的评价，主要从两大方面考察，一方面是规模结构，另一方面是发展效率。据此，设置的评价指标体系中的一级指标主要就是这两方面的指标。在一级指标之下，二级指标的设置要能够体现一级指标所要反映的主要内容。在规模结构与发展效率一级指标之下，最能反映这种融合经济行为内容主要有四个方面，一是规模指标，二是结构指标，三是成长指标，四是效率指标。二级指标之下的三级指标设置，要使后者能够最突出体现出前者特点。因为二级指标可包含的三级指标极其广泛，但也十分具体。正是因为具体，就要考虑到指标的可获取性。这就要考虑到三级指标的设置既要反映二级指标的要求，又要考虑到指标能够获取，同时又要突出反映其特点。基于这样的考虑，旅游业发展水平规模指标下的三级指标为：国内旅游总收入、国内旅游人数、旅游总收入占GDP比重、就业人数占总就业人数比重、国内旅游总花费、国内旅游人均花费。结构指标下的三级指标为：观光游览占比、旅游运输占比、旅游餐饮占比、旅游住宿占比、旅游购物占比、旅游娱乐占比。成长指标下的三级指标为旅游总收入增长率、旅游就业增长率、旅游景区收入增长率。效率指标下的三级指标为旅游业劳动生产率、旅游业增加值率、旅游业固定资产投资效果系数。

（2）中国农业发展水平指标构建。在此水平评价指标体系中，农业发展水平设置一级指标2个，二级指标4个，三级指标13个。对中国农业发展的评价，主要可以从两大方面考察，一方面是规模结构，另一方面是发展效率。据此，设置的评价指标体系中的一级指标主要就是这两方面的指标。在规模结构与发展效率一级指标之下，最能反映这种内容的主要有4个方面，一是规模指标，二是结构指标，三是成长指标，四是效率指标。三级指标的设置既要反映二级指标的要求，又要考虑到指标能够获取，同时又要突出反映其特点。基于这样的考虑，农业发展水平规模指标下的三级指标为：农林牧渔业总产值、农林牧渔业总产值占GDP比重、就业人数占总就业人数比重。结构指标下的三级指标为：传统农业总产值占比、林业总产值占比、畜牧业总产值占比、渔业总产值占比。成长指标下的三级指标为：农林牧渔业总产值增长率、农业就业增长率、农业固定资产投资增长率。效率指标下的三级指标为：农业劳动生产率、农业增加值率、农业固定资产投资效果系数。

4.2.2 评价体系指标解释

（1）旅游总收入。旅游总收入是指一个区域内、或一个国家范围内的旅游目的地在一定时间通过提供旅游服务等所取得的货币收入。

（2）国内旅游者人数。指中国大陆居民或其他常住国内的海外侨人、港澳台同胞离开所在地，在其他地方开展旅游活动，停留1天至6个月的人数。

旅游者人数指标反映流量，说明旅游者对其旅游商品的需求规模及水平。

（3）旅游就业人数。旅游就业人数是指旅游业为社会提供劳动就业人数的总量。

旅游就业人数的计算公式为：

$$旅游就业人数 = \frac{一定时期直接、间接的旅游就业人数增加量}{同期旅游经济增加量}$$

（4）旅游者人均消费。指一定时期内旅游总额与旅游人数之比。

（5）旅游收入增长率。指不同时期旅游收入与所定基期旅游收入的比率。旅游收入增长率通常有三种表示方法，即定基增长率、环比增长率和平均增长率。

①旅游收入定基增长率。旅游收入定基增长率是指确定基年旅游收入为基数，然后以各年旅游收入同其进行比较而得到的增长率，反映各年旅游收入与基期的比较情况。

旅游收入定基增长率的计算公式为：

$$r = \frac{R_1 - R_0}{R_0} \times 100\%$$

式中，r 为旅游收入定基增长率；R_0 为基期旅游收入；R_i 为第 i 期旅游收入。

②旅游收入环比增长率。旅游收入环比增长率是用某期旅游收入同其上一期旅游收入进行比较的比值。其计算公式可参考定基收入增长率公式，但要把 R_0 变为 R_{I-1}。

旅游收入环比增长率计算公式为：

$$r = \frac{R_I - R_{I-1}}{R_{I-1}} \times 100\%$$

③旅游收入平均增长率。旅游收入平均增长率是一段时期内年均增长率。其既可根据定基收入增长率计算，也可根据环比收入增长率计算。

（6）劳动生产率。该指标衡量的是劳动者生产能力与效果。通常用劳动者单位时间内生产产品数量或生产单位产品的劳动时间来表示。

（7）旅游业增加值。旅游业增加值是由旅游业和相关产业在旅游活动消费而产生的增加值。

（8）固定资产投资效果系数。固定资产投资效果系数是指报告期新增国内生产总值与同期固定资产投资额的比率。

计算公式为：

$$\text{固定资产投资效果系数} = \frac{\text{报告期新增国内生产总值}}{\text{同期固定资产投资额}} \times 100\%$$

（9）观光游览。观光游览是旅游的最基本活动。指前往旅游目的地展开景点参观游览等活动。

（10）旅游交通业。旅游交通是由于旅游需求所产生的交通工具、交通路线、交通方式的总和。旅游运输可以实现目的地之间的转移。

（11）旅游住宿。旅游住宿指旅游者在出游中所选择的临时性住所及提供的相关服务。

（12）旅游餐饮。旅游餐饮指旅游者在出游中选择的饮食产品及服务。

（13）旅游购物。旅游购物是指游客在旅游活动中购买旅游商品的行为。

（14）旅游娱乐。旅游娱乐是指旅游者在旅游活动中参与文娱、体育等活动。

（15）农林牧渔业总产值。指以货币表现的农、林、牧、渔业全部产品总量。

（16）传统农业。传统农业是一种生计农业，家庭成员参加生产劳动并进行家庭内部分工。传统农业生产的主要目的是为了满足自己的需要。

（17）林业。林业是通过森林取得木材和其他林产品、利用林木的自然特性作用的农业部门。

（18）畜牧业。畜牧业是利用畜禽或野生动物的生理机能，通过人工饲养以取得畜产品的农业部门。

（19）渔业。渔业是指捕捞、养殖鱼类以及藻类等以取得水产品的农业部门。

（20）农业增加值。农业增加值是进行各项农业活动所增加的产值，是扣除各项现价后所得。农业增加值的计算方法为：

农业增加值 = 固定资产折旧 + 劳动者报酬 + 生产税净额 + 营业盈余

中国旅游业及农业发展水平评价指标体系见表4-1和表4-2。

表4-1　　　　　　　　中国旅游业发展水平评价指标体系

P层	A层	B层	C层
中国旅游发展水平P	规模结构A1	旅游规模B1	国内旅游总收入C1
			国内旅游人数C2
			旅游总收入占GDP比重C3
			就业人数占总就业人数比重C4
			国内旅游人均花费（new）C5
		旅游结构B2	观光游览占比C6
			旅游运输占比C7
			旅游餐饮占比C8
			旅游住宿占比C9
			旅游购物占比C10
			旅游娱乐占比C11
	发展效率A2	成长指标B3	旅游总收入增长率C12
			旅游就业增长率C13
			旅游景区收入增长率C14
		旅游效率B4	旅游业劳动生产率C15
			旅游业增加值率C16
			旅游业固定资产投资效果系数C17

表4-2　　　　　　　中国农业发展水平评价指标体系

P层	A层	B层	C层
中国农业发展水平P	规模结构A1	农业规模B1	农林牧渔业总产值C1
			农林牧渔业总产值占GDP比重C2
			就业人数占总就业人数比重C3
		农业结构B2	传统农业总产值占比C4
			林业总产值占比C5
			畜牧业总产值占比C6
			渔业总产值占比C7
	发展效率A2	成长指标B3	农林牧渔业总产值增长率C8
			农业就业增长率C9
			农业固定资产投资增长率C10
		农业效率B4	农业劳动生产率C11
			农业增加值率C12
			农业固定资产投资效果系数C13

4.2.3 旅游业与农业耦合协调发展水平评价模型的建立

科学评价是进行科学决策的前提，因此采取的评价方法也是实现科学决策的重要保障。而评价方法的选取还要将研究需要与数据的可获得性相结合。中国旅游业与农业耦合发展水平评价中的各指标要反映各自旅游业与农业耦合中的地位和意义，避免因为数学意义上的客观导致失去指标本身的意义。本章利用层次分析法求出各指标的权重，然后再进行加权求和得出各年的旅游业与农业发展水平综合得分，以进行分析和评价。

（1）层次分析方法。层次分析方法是多准则决策方法。层次分析法的思想是将复杂因素分解为简单因素，并按从属关系形成多层层次。通过两两比较的方法确定不同因素的相对重要性。层次分析法大致分为以下几个步骤：

①建立递阶层次模型。先将复杂问题分解组成各个部分，根据问题的性质和所要达到的目标分解成为不同的组成部分从而形成若干不同层次。一般处于最上层次的元素只有一个，中间的层次一般为准则层和子准则层，最低一层一般为决策层。各层次之间是承上启下的递进关系。

②对某对象进行综合评价。第一步：将 n 个因素进行两两充分对比，按 1-9 标度表赋值 a_{ij} 建立判断矩阵 $A=(a_{ij})_{n\times n}$（见表 4-3）。

表 4-3　　　　　　　　　　判断指标赋值标准

标度	u_i 比 u_j	u_i 与 u_j 比较
1	同等重要	前者与后者重要程度相同
3	稍显重要	前者较后者重要程度较小
5	明显重要	前者较后者重要程度较大
7	重要很多	前者较后者重要程度很大
9	极其重要	前者较后者重要程度极其大
2、4、6、8	处于上述二者重要程度之间	前者较后者而言，重要程度情况介于上述两者之间

判断矩阵的特点：$a_{ij}>0$，$a_{ij}=1/a_{ji}$

判断矩阵的类型：

Ⅰ. 完全一致性矩阵：$a_{ik}a_{kj}=a_{ij}(i,j,k=1,2,3,4,\cdots,n)$

Ⅱ. 非完全一致性矩阵：

√ 能通过一致性检验的矩阵（满意一致性）

√ 不能通过一致性检验的矩阵

通过 1-9 标度的判断就可以得到判断矩阵，如表 4-4 所示。

表 4-4　　　　　　　　　　判断矩阵

	A1	A2	A3	…	Aj	…	An
A1	a_{11}	a_{12}	a_{13}	…	a_{1j}	…	a_{1n}
A2	a_{21}	a_{22}	a_{23}	…	a_{2j}	…	a_{2n}
A3	a_{31}	a_{32}	a_{33}	…	a_{3j}	…	a_{3n}
…	…	…	…	…	…	…	…
Aj	a_{i1}	a_{i2}	a_{i3}	…	a_{ij}	…	a_{in}
…	…	…	…	…	…	…	…
An	a_{n1}	a_{n2}	a_{n3}	…	a_{nj}	…	a_{nn}

第二步：确定矩阵 A 的最大特征根 λ_{max} 对应的特征向量 W。

具体按如下步骤进行：

Ⅰ. 将矩阵 A 的各列归一化。

Ⅱ. 将归一化以后的矩阵各行求和得一列向量。

Ⅲ. 将该列向量归一化后得另一列向量：

$$W = (W_1, W_2, W_3 \cdots W_n)^T$$

第三步：检验矩阵 A 的一致性

通过，则 W 可作为排序或权重向量。没有通过，则 W 不可作为排序或权重向量。

按如下 5 个小步骤予以进行：

Ⅰ. 根据下述公式计算矩阵 A 的最大特征根 λ_{max}。

$$\lambda_{max} = \frac{1}{n} \sum_1^n \frac{(AW)_1}{W_1} \qquad (4-1)$$

Ⅱ. 计算一致性指标 CI：该指标用来检查人们判断思维的一致性，指标值愈小，则判断矩阵愈接近于完全一致性。

$$C.I = \frac{\lambda_{max} - n}{n - 1} \qquad (4-2)$$

Ⅲ. 查表得到一致性指标 RI 的值。

表4-5　　　　　　　　　　　RI 表

n	1	2	3	4	5	6	7	8	9	10	11
I	0	0	0.58	0.90	1.12	1.24	1.32	1.41	1.45	1.49	1.51

Ⅳ. 根据下述公式计算随机一致性比率。

$$C.R = \frac{C.I}{RI} \qquad (4-3)$$

Ⅴ. 判断是否通过一致性检验。

判断依据：

若 $C.R < 0.1$，则通过一致性检验。

若 $C.R \geq 0.1$，则没有通过一致性检验。

第四步：总排序向量的确定（最末一层对目标层的排序（权重）向量）。

Ⅰ. 建立矩阵 $P = (p_{ij})$。

$$\begin{bmatrix} P_{11} & \cdots & P_{1m} \\ \vdots & \ddots & \vdots \\ P_{n1} & \cdots & P_{nm} \end{bmatrix}$$

p_{ij} 的取值：

若 u_i 与 U_j 有连接，则取 p_{ij} 相应的权值；

若 u_i 与 U_j 没有连接，则 p_{ij} 取零值；

Ⅱ．按下式计算总排序（权重）向量。

$$W_{总} = PW = \begin{bmatrix} P11 & P12 & P13 \\ P21 & P22 & P23 \\ P31 & P32 & P33 \end{bmatrix} \begin{bmatrix} w_1 \\ w_2 \\ w_3 \end{bmatrix} = \begin{bmatrix} W_1 \\ W_2 \\ W_3 \end{bmatrix}$$

$$W_{总} = (W_1, W_2, W_3, \cdots, W_n)^T$$

所算得 W_1，W_2，W_3，…，W_n 为权重向量，其满足和为 1。

（2）耦合模型。把旅游业与农业两个产业子系统通过各自耦合元素产生的彼此影响程度定义为"旅游业—农业系统"的耦合度，其大小反映二者协调发展程度。

模型的建立。为消除数据的数量级以及量纲不同而造成的影响，对数据进行无量纲化处理，设变量 $x'_i(i=1, 2, 3, \cdots, n)$、$y'_j(j=1, 2, 3, \cdots, n)$ 分别为描述旅游、农业特征的指标，且均为无量纲化值，是将初始数据按照极差标准化方法处理所得，具体公式如下：

$$x'_i = \begin{cases} \dfrac{x_i - \min\{x_i\}}{\max\{x_i\} - \min\{x_i\}} & \text{当指标 } x_i \text{ 越大越好} \\ \dfrac{\max\{x_i\} - x_i}{\max\{x_i\} - \min\{x_i\}} & \text{当指标 } x_i \text{ 越小越好} \end{cases} \quad (4-4)$$

y'_j 的取值依次类推。

式（4-4）中，x'_i 代表的是变量 x_i 对系统的贡献大小，其取值范围为 $0 \leq x'_i \leq 1$，则各子系统对整个开放系统的贡献可以由以下公式表出：

$$F(x) = \sum_{i=1}^{m} a_i x'_i \quad (4-5)$$

$$G(y) = \sum_{j=1}^{n} b_j y'_j \quad (4-6)$$

式 (4-5) 和式 (4-6) 中，a_i、b_j 表示各指标所占权重，各指标权重的赋值采用层次分析方法来确定。

借鉴物理学中容量耦合概念及容量耦合系数模型，即：

$$C_n = \{(u_1, u_2, \cdots, u_m) / [\prod (u_i + u_j)]\}^{\frac{1}{n}} \quad (4-7)$$

当 $n = 2$ 时，即为所需的旅游—农业系统的耦合度模型，表示为：

$$C_2 = \frac{\sqrt{F(x) \times G(y)}}{F(x) + G(y)} \quad (4-8)$$

由式 (4-8) 可知，C 的取值范围为 0-1，耦合度的值越大，说明旅游业与农业两个子系统间的协调水平越高。

由于耦合度只能说明作用程度的强弱，无法反映协调发展水平的高低。因此，引入耦合协调模型，以便更好地评判耦合协调程度，计算公式如下：

$$D = \sqrt{C \times T} \quad (4-9)$$

$$T = \alpha F(x) + \beta G(y) \quad (4-10)$$

式 (4-9) 中，C 为耦合度；D 为耦合协调度；T 为反映旅游与农业两系统的整体协同效应；式 (4-10) 中，α、β 为待定系数。本章认为旅游与农业应处于同等重要位置，因此 α、β 取值均为 1/2。

根据以往学者的研究，对耦合协调度评价标准进行了划分，如表 4-6 所示。

表 4-6　　　　　　　　　耦合协调度等级分类标准

序号	协调度 D 值	协调度等级
1	0-0.09	极度失调
2	0.10-0.19	严重失调
3	0.20-0.29	中度失调
4	0.30-0.39	轻度失调
5	0.40-0.49	濒临失调
6	0.50-0.59	勉强协调
7	0.60-0.69	初级协调
8	0.70-0.79	中级协调
9	0.80-0.89	良好协调
10	0.90-1.00	优质协调

资料来源：廖重斌. 环境与经济协调发展的定量评判及其分类体系. 热带地理, 1999 (2).

4.2.4 指标权重的确立

应用上述模型,进行旅游业与农业协调发展水平评价指标体系权重的确定。邀请旅游领域专家10人,农业领域专家10人对各项指标的重要程度进行打分。分别对旅游与农业评价体系构建两两之间相互比较判断矩阵。运用层次分析法,计算得到旅游与农业各个层次的权重,并进行一致性检验,结果均通过一致性检验。计算得出各个层次权重的基础上得出总权重。

(1) 旅游发展水平指标权重确定(见表 4-7)。

表 4-7　　　　　　　旅游发展水平各评价指标的权重

P 层	A 层	B 层	C 层
P	A1 0.5333	B1 0.2778	C1 0.0571
			C2 0.0508
			C3 0.0521
			C4 0.0586
			C5 0.0481
			C6 0.0441
		B2 0.2556	C7 0.0419
			C8 0.0413
			C9 0.0453
			C10 0.0463
			C11 0.0478
			C12 0.0794
	A2 0.4667	B3 0.2389	C13 0.0754
			C14 0.0785
			C15 0.0779
		B4 0.2278	C16 0.0756
			C17 0.0799

(2) 农业发展水平指标权重确定(见表 4-8)。

表4-8　　　　　农业发展水平各评价指标的权重

P层	A层	B层	C层
P	A1 0.5333	B1 0.2667	C1 0.0859
			C2 0.0921
			C3 0.0886
			C4 0.0666
		B2 0.2667	C5 0.0651
			C6 0.0651
			C7 0.0697
			C8 0.0731
	A2 0.4667	B3 0.2444	C9 0.0795
			C10 0.0730
			C11 0.0823
		B4 0.2222	C12 0.0861
			C13 0.0728

4.3　旅游业与农业协调发展水平的耦合分析

4.3.1　数据来源及处理

（1）数据来源。选取1995~2017年的数据进行纵向比较和分析。数据主要来自《中国统计年鉴》及国家统计局、国家旅游局等相关统计网站。原始数据见附录。

（2）数据处理。为消除数据的数量级以及量纲的不同而造成的影响，对数据进行无量纲化处理，综合整理出各指标基础评价值，如表4-9~

表4-12所示。

表4-9 1995~2017年旅游子系统规模指标及结构指标无量纲化数据

年份	旅游子系统										
	规模指标					结构指标					
	国内旅游总收入	国内旅游人数	旅游总收入占比	就业人数占比	国内旅游人均花费	观光游览占比	旅游运输占比	旅游餐饮占比	旅游住宿占比	旅游购物占比	旅游娱乐占比
1995	0.01	0.01	0.01	0.02	0.01	0.66	0.16	1.00	1.00	0.08	0.38
1996	0.02	0.01	0.02	0.06	0.61	0.18	0.94	0.82	0.16	0.46	
1997	0.03	0.01	0.15	0.04	0.17	0.64	0.20	0.86	0.68	0.18	0.53
1998	0.03	0.02	0.19	0.02	0.19	0.35	0.21	0.73	0.51	0.21	0.68
1999	0.04	0.03	0.30	0.01	0.26	0.59	0.45	0.51	0.58	0.15	0.58
2000	0.05	0.04	0.32	0.01	0.31	0.42	0.48	0.31	0.49	0.16	0.90
2001	0.06	0.04	0.32	0.04	0.34	0.40	0.37	0.20	0.36	0.24	1.00
2002	0.07	0.07	0.34	0.07	0.33	1.00	0.24	0.12	0.36	0.21	0.95
2003	0.06	0.06	0.05	0.09	0.26	1.00	0.22	0.14	0.34	0.22	0.95
2004	0.08	0.12	0.24	0.38	0.31	0.54	0.25	0.04	0.30	0.33	0.85
2005	0.10	0.14	0.21	0.42	0.32	0.32	0.38	0.31	0.40	0.28	0.53
2006	0.12	0.18	0.21	0.46	0.34	0.01	0.07	0.44	0.58	1.00	0.01
2007	0.15	0.23	0.22	0.51	0.39	0.35	0.28	0.24	0.56	0.49	0.33
2008	0.17	0.26	0.13	0.62	0.43	0.61	0.51	0.33	0.28	0.23	0.90
2009	0.21	0.30	0.15	0.60	0.46	0.57	0.45	0.27	0.19	0.37	0.90
2010	0.26	0.34	0.19	0.69	0.55	0.42	0.39	0.25	0.21	0.51	0.80
2011	0.41	0.47	0.43	0.70	0.74	0.57	0.54	0.02	0.11	0.46	0.88
2012	0.49	0.54	0.49	0.72	0.79	0.54	0.72	0.04	0.10	0.32	0.88
2013	0.57	0.61	0.55	0.72	0.85	0.76	0.68	0.11	0.24	0.27	0.83
2014	0.66	0.69	0.79	0.67	0.90	0.69	0.72	0.18	0.32	0.16	0.70
2015	0.74	0.77	0.87	1.00	0.92	0.25	1.00	0.01	0.25	0.07	0.26
2016	0.86	0.87	0.75	1.00	0.96	0.66	0.87	0.11	0.01	0.01	0.48
2017	1.00	1.00	1.00	0.94	1.00	0.59	0.83	0.17	0.03	0.08	0.58

表 4-10　1995~2017 年旅游子系统成长指标及效率指标无量纲化数据

年份	旅游子系统					
	成长指标			效率指标		
	旅游总收入增长率	旅游就业增长率	旅游景区收入增长率	旅游业劳动生产率	旅游业增加值率	旅游业固定资产投资效果系数
1995	0.50	0.10	0.42	0.08	0.10	0.98
1996	0.56	0.12	0.47	0.11	0.12	0.96
1997	0.68	0.01	0.62	0.34	0.22	0.67
1998	0.42	0.01	0.38	0.16	0.05	0.40
1999	0.52	0.01	0.46	0.36	0.11	0.41
2000	0.46	0.05	0.37	0.25	0.04	0.75
2001	0.42	0.17	0.35	0.19	0.02	0.70
2002	0.43	0.23	0.34	0.13	0.01	0.61
2003	0.01	0.16	0.01	0.15	0.06	0.85
2004	0.94	1.00	0.75	0.22	0.29	1.00
2005	0.45	0.12	0.37	0.01	0.04	0.71
2006	0.52	0.11	0.46	0.09	0.10	0.65
2007	0.63	0.12	0.56	0.20	0.18	0.75
2008	0.33	0.17	0.37	0.04	0.04	0.55
2009	0.43	0.05	0.43	0.13	0.09	0.20
2010	0.62	0.10	0.54	0.28	0.16	0.39
2011	1.00	0.07	1.00	1.00	0.41	0.39
2012	0.50	0.07	0.45	0.42	0.10	0.17
2013	0.48	0.05	0.42	0.45	0.08	0.15
2014	0.70	0.01	0.42	0.56	0.07	0.22
2015	0.42	0.05	0.50	0.25	1.00	0.02
2016	0.47	0.05	0.61	0.30	0.96	0.01
2017	0.50	0.05	0.77	0.37	0.94	0.01

表4-11　1995~2017年农业子系统规模指标及结构指标无量纲化数据

年份	农业子系统						
	规模指标			结构指标			
	农林牧渔业总产值	农林牧渔业总产值占比	就业人数占比	传统农业产值占比	林业产值占比	畜牧业产值占比	渔业产值占比
1995	0.01	1.00	1.00	0.83	0.05	0.34	0.01
1996	0.03	0.90	0.93	1.00	0.05	0.02	0.28
1997	0.05	0.83	0.91	0.82	0.01	0.22	0.50
1998	0.05	0.78	0.91	0.80	0.04	0.20	0.60
1999	0.05	0.69	0.92	0.75	0.16	0.20	0.77
2000	0.06	0.57	0.91	0.60	0.30	0.33	1.00
2001	0.07	0.51	0.91	0.57	0.14	0.42	0.95
2002	0.08	0.45	0.91	0.51	0.30	0.47	0.98
2003	0.11	0.41	0.88	0.15	0.67	0.62	0.87
2004	0.18	0.45	0.79	0.15	0.21	0.78	0.63
2005	0.21	0.38	0.71	0.12	0.16	0.80	0.72
2006	0.22	0.25	0.62	0.37	0.46	0.33	0.55
2007	0.31	0.23	0.55	0.18	0.34	0.71	0.31
2008	0.41	0.23	0.51	0.01	0.25	1.00	0.25
2009	0.43	0.19	0.45	0.22	0.18	0.63	0.39
2010	0.52	0.16	0.39	0.41	0.28	0.38	0.36
2011	0.65	0.15	0.32	0.28	0.37	0.57	0.38
2012	0.74	0.15	0.27	0.34	0.38	0.42	0.55
2013	0.81	0.13	0.18	0.39	0.53	0.29	0.62
2014	0.87	0.11	0.11	0.43	0.65	0.18	0.69
2015	0.92	0.10	0.06	0.40	0.75	0.15	0.71
2016	0.97	0.07	0.04	0.33	0.82	0.21	0.74
2017	1.00	0.01	0.01	0.40	1.00	0.01	0.88

表4-12　　1995~2017年农业子系统成长指标及效率指标无量纲化数据

年份	农业子系统					
	成长指标			效率指标		
	农林牧渔业总产值增长率	农业就业增长率	农业固定资产投资增长率	农业劳动生产率	农业增加值率	农业固定资产投资效果系数
1995	1.00	0.60	0.88	0.09	0.93	1.00
1996	0.35	0.47	0.85	0.02	0.89	0.83
1997	0.23	0.21	0.79	0.01	0.66	0.44
1998	0.12	0.10	0.94	0.02	0.66	0.20
1999	0.01	0.01	0.58	0.02	0.63	0.14
2000	0.07	0.12	0.27	0.01	0.55	0.22
2001	0.18	0.10	0.27	0.02	0.61	0.20
2002	0.17	0.14	0.65	0.03	0.67	0.15
2003	0.30	0.37	0.21	0.04	1.00	0.07
2004	0.76	0.70	0.11	0.09	0.94	0.10
2005	0.31	0.72	0.33	0.11	0.91	0.08
2006	0.13	0.78	0.21	0.14	0.01	0.09
2007	0.66	0.70	0.35	0.23	0.88	0.12
2008	0.62	0.55	1.00	0.30	0.86	0.07
2009	0.12	0.65	0.67	0.36	0.84	0.02
2010	0.50	0.64	0.12	0.48	0.77	0.06
2011	0.57	0.82	0.01	0.59	0.81	0.06
2012	0.34	0.61	0.40	0.71	0.81	0.03
2013	0.28	1.00	0.32	0.81	0.80	0.02
2014	0.18	0.94	0.61	0.92	0.76	0.02
2015	0.15	0.70	0.92	0.86	0.40	0.01
2016	0.17	0.46	0.52	0.93	0.43	0.01
2017	0.10	0.54	0.14	1.00	0.10	0.01

4.3.2 评价结果

(1) 旅游发展水平分析。根据已确定各指标的权重,对基础评价值进行加权求和,可得中国旅游发展水平 B 层旅游规模 B1、旅游结构 B2、成长指标 B3、旅游效率 B4 的综合评价得分如表 4-13 所示。

表 4-13　　1995~2017 年中国旅游发展水平综合评价得分 (1)

年份	B1 (旅游规模)	B2 (旅游结构)	B3 (成长指标)	B4 (旅游效率)
1995	0.0035	0.1444	0.0803	0.0928
1996	0.0078	0.1397	0.0903	0.0949
1997	0.0202	0.1365	0.1038	0.0974
1998	0.0235	0.1194	0.0641	0.0483
1999	0.0326	0.1271	0.0785	0.0700
2000	0.0368	0.1241	0.0693	0.0823
2001	0.0410	0.1163	0.0735	0.0727
2002	0.0446	0.1311	0.0784	0.0599
2003	0.0275	0.1302	0.0140	0.0844
2004	0.0603	0.1056	0.2088	0.1194
2005	0.0637	0.0996	0.0736	0.0601
2006	0.0704	0.0923	0.0851	0.0668
2007	0.0802	0.1009	0.1032	0.0889
2008	0.0863	0.1279	0.0689	0.0507
2009	0.0925	0.1237	0.0718	0.0328
2010	0.1089	0.1167	0.0993	0.0657
2011	0.1463	0.1164	0.1632	0.1423
2012	0.1610	0.1166	0.0801	0.0547
2013	0.1744	0.1297	0.0749	0.0539
2014	0.1958	0.1233	0.0892	0.0677
2015	0.2297	0.0804	0.0767	0.0975
2016	0.2376	0.0942	0.0893	0.0979
2017	0.2634	0.1006	0.1040	0.1013

将表 4-13 转化为图 4-1。

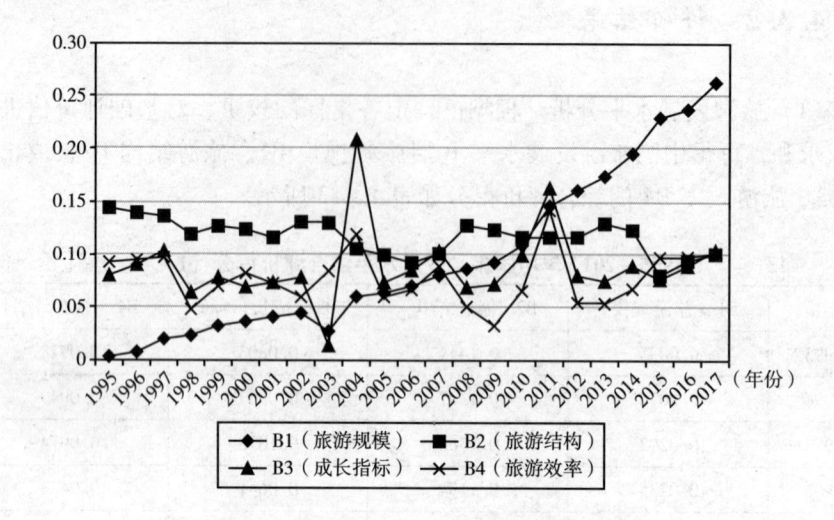

图 4-1　1995～2007 年中国旅游发展情况（1）

通过进一步计算得到规模结构 A1、发展效率 A2 的综合评价得分和发展水平 P 的综合评价得分如表 4-14 所示。

表 4-14　　　　1995～2017 年中国旅游发展水平综合得分（2）

年份	A1（规模结构）	A2（成长效率）	P（旅游发展水平）
1995	0.0378	0.0403	0.04
1996	0.0378	0.0431	0.04
1997	0.0405	0.0469	0.04
1998	0.0370	0.0263	0.03
1999	0.0415	0.0347	0.04
2000	0.0419	0.0353	0.04
2001	0.0411	0.0341	0.04
2002	0.0458	0.0323	0.04
2003	0.0409	0.0225	0.03
2004	0.0437	0.0770	0.06
2005	0.0431	0.0312	0.04
2006	0.0431	0.0355	0.04
2007	0.0480	0.0449	0.05

续表

年份	A1（规模结构）	A2（成长效率）	P（旅游发展水平）
2008	0.0566	0.0280	0.04
2009	0.0573	0.0246	0.04
2010	0.0600	0.0386	0.05
2011	0.0704	0.0713	0.07
2012	0.0745	0.0315	0.05
2013	0.0815	0.0301	0.06
2014	0.0858	0.0367	0.06
2015	0.0843	0.0405	0.06
2016	0.0900	0.0436	0.07
2017	0.0988	0.0479	0.08

将表 4-14 转化为图 4-2。

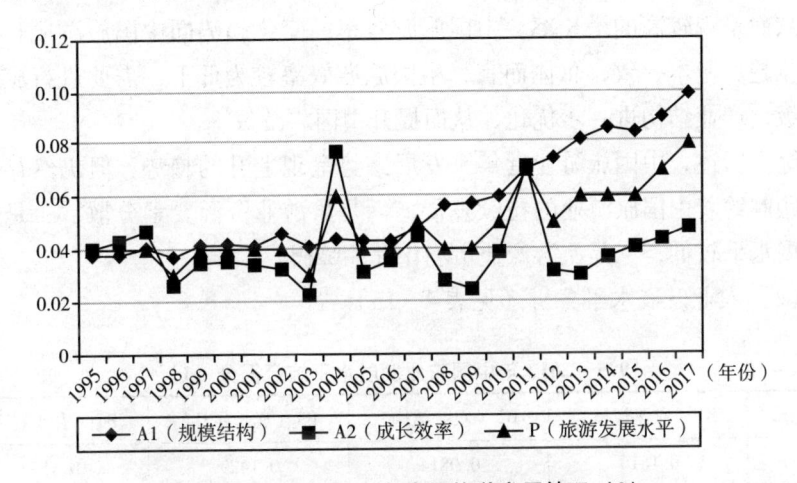

图 4-2 1995~2017 年中国旅游发展情况（2）

中国旅游发展水平总体上呈现平稳上升趋势，但是从数值上看水平仍然不高，但中国旅游发展水平从规模结构和发展效率近年都呈现上升水平。由图 4-2 可以看出，旅游发展水平的规模结构从 1995 年至今呈持续增长态势，增长趋势十分乐观。1995~2005 年增长较为缓慢，2005~2017 年增长速度快，这与国家大力支持旅游业发展的政策息息相关。近年来旅游结构的调整，变得更加多元化，旅游业从之前的主要业务为餐饮和住宿扩展的更加广阔，旅游娱乐业、旅游运输业等逐渐发展起来，旅游结构变得更具竞争性和丰富性。发展效率逐年来波动较大，2004年的数值为0.0054，发展效率低下的原因主要是中国旅游业遭受非典冲击，旅游发展不景气。2004年数值为0.0770，经过"非典"之后，旅游业逐渐蓬勃发展起来。中国旅游发展水平虽然有所波动，但大体上呈现逐步上升的趋势。

其次，从中国旅游发展水平评价体系的C层来看，总体仍然呈现稳步上升的趋势，中国旅游规模从1995年至今逐年扩张，从1995年的0.0378增长至2017年的0.0988，增长规模极大，中国旅行社、旅游景区及旅游景点规模、国内旅游人数等扩张极快。旅游结构的变化是缓慢下降的趋势，这说明中国的旅游结构在逐步调整及优化，旅游活动中的主要消费由住宿和餐饮转变为景区观光、娱乐活动、住宿、餐饮、购物多元化发展。成长指标整体水平偏低，但在2004年及2011年，成长指标有较大的变化，这说明中国的旅游发展水平在这两个阶段有较大的突破，主要是由于2003年"非典"的影响及2008年金融危机的影响，导致中国旅游进入一个停滞期，然后再恢复发展，从而呈现较高的增长率。中国旅游效率的变化趋势同中国旅游成长指标的变化趋势基本一致，总体而言，中国旅游效率较为低下，需要进行旅游转型升级，产业结构进一步优化，从而提升中国旅游效率。

综上所述，中国旅游业近年来发展态势呈现上升的趋势，但仍然存在一些问题制约着中国旅游业的持续发展，一是旅游业资源要素分散，二是旅游业发展水平较低，三是旅游产业市场化存在障碍。

（2）农业发展水平分析（见表4-15）。

表4-15　　　　1995~2017年中国农业发展水平综合得分（1）

年份	B1（农业规模）	B2（农业结构）	B3（成长指标）	B4（农业效率）
1995	0.1816	0.0814	0.1429	0.1537
1996	0.1679	0.0901	0.1328	0.1494
1997	0.1610	0.1039	0.0964	0.1186
1998	0.1565	0.1111	0.0880	0.1176
1999	0.1493	0.1279	0.0439	0.0981
2000	0.1388	0.1509	0.0356	0.1133
2001	0.1341	0.1404	0.0453	0.1134
2002	0.1299	0.1530	0.0747	0.1042

续表

年份	B1（农业规模）	B2（农业结构）	B3（成长指标）	B4（农业效率）
2003	0.1246	0.1546	0.0732	0.1106
2004	0.1266	0.1183	0.1368	0.1181
2005	0.1159	0.1210	0.1113	0.1124
2006	0.0978	0.1139	0.0896	0.0383
2007	0.0965	0.1018	0.1450	0.1287
2008	0.1008	0.0994	0.1767	0.1194
2009	0.0937	0.0944	0.1124	0.1080
2010	0.0945	0.0951	0.1072	0.1214
2011	0.0978	0.1057	0.1204	0.1352
2012	0.1007	0.1126	0.1098	0.1339
2013	0.0987	0.1232	0.1298	0.1404
2014	0.0948	0.1315	0.1366	0.1466
2015	0.0934	0.1350	0.1374	0.1076
2016	0.0936	0.1407	0.0903	0.1148
2017	0.0877	0.1533	0.0629	0.0916

将表4-15转化为图4-3。

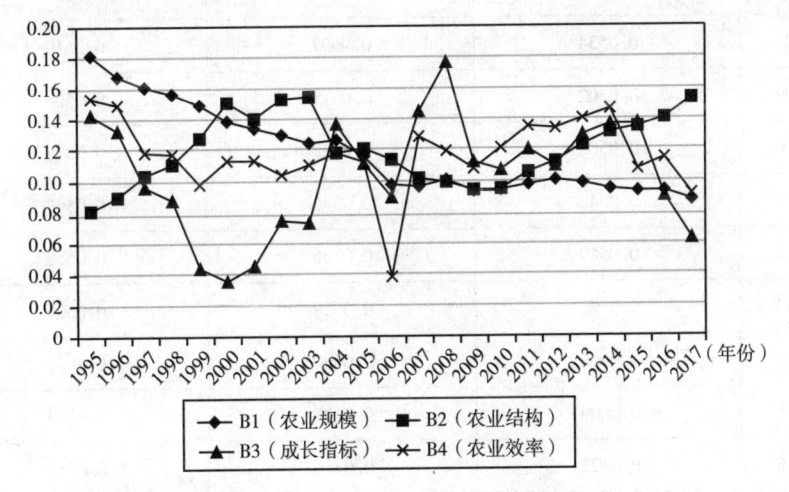

图4-3　1995~2017年中国农业发展情况（1）

通过进一步计算得到规模结构 A1、发展效率 A2 的综合评价得分和发展水平 P 的综合评价得分如表 4 – 16 所示。

表 4 – 16　　　1995 ~ 2017 年中国农业发展水平综合得分（2）

年份	A1（规模结构）	A2（成长效率）	P（农业发展水平）
1995	0.0701	0.0691	0.0696
1996	0.0688	0.0657	0.0673
1997	0.0707	0.0499	0.0610
1998	0.0714	0.0476	0.0603
1999	0.0701	0.0325	0.0546
2000	0.0772	0.0339	0.0570
2001	0.0732	0.0363	0.0560
2002	0.0754	0.0414	0.0596
2003	0.0745	0.0425	0.0595
2004	0.0653	0.0597	0.0627
2005	0.0632	0.0522	0.0580
2006	0.0565	0.0304	0.0443
2007	0.0529	0.0640	0.0581
2008	0.0534	0.0697	0.0610
2009	0.0502	0.0515	0.0508
2010	0.0506	0.0532	0.0518
2011	0.0543	0.0595	0.0567
2012	0.0569	0.0566	0.0568
2013	0.0592	0.0629	0.0609
2014	0.0603	0.0660	0.0630
2015	0.0609	0.0575	0.0593
2016	0.0625	0.0476	0.0555
2017	0.0643	0.0357	0.0510

将表 4-16 转化为图 4-4。

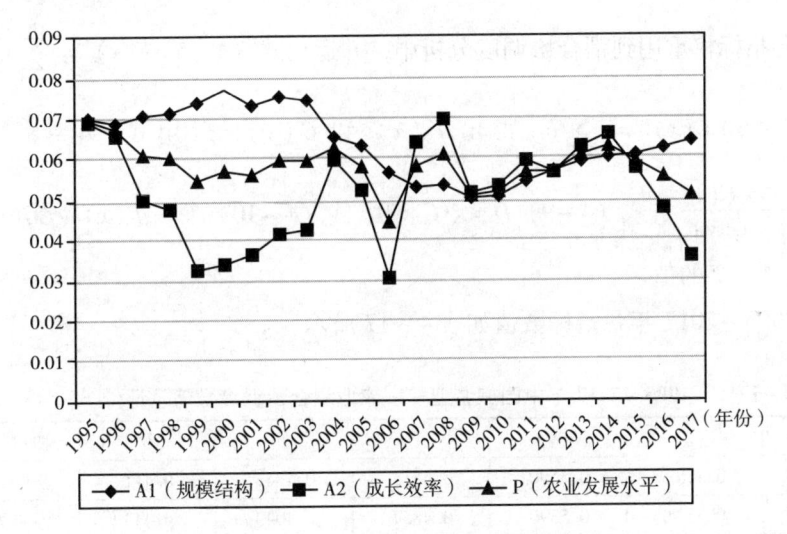

图 4-4　1995~2017 年中国农业发展情况（2）

中国农业发展水平总体上呈现缓慢下降趋势。中国农业发展水平从规模结构上来看，呈现先增长后下降又增长的趋势，两次转折点分别是 1999 年与 2010 年，其中 1995~1998 年，从 0.0701 增长至 0.0714，1999~2010 年，从 0.0701 降至 0.0506。1995~1999 年，农村经济结构不断优化，农业规模结构不断扩大，1999~2010 年，由于城镇化规模扩大，农业从业人员不断流失，中国农业规模结构呈下降趋势，2010~2017 年，随着科学技术发展，我国农业生产技术提升，农业效率增加，农业规模扩大。发展效率呈现持续波动态势。

其次，从中国农业发展水平评价体系的 C 层来看，中国农业规模从 1995 年至今逐年缩小，从 1995 年的 0.1816 下降至 2017 年的 0.0877，随着中国农业从业人员不断减少，中国农业规模呈缩小趋势，农业结构变化呈现先上升后下降又上升的趋势，这说明中国农业结构一直处于动态调整中。成长指标波动较大，这说明中国农业增长分布不均匀。中国农业效率稳定在 0.10~0.15，但由于受非典事件的影响，加上时滞效应，2006 年中国农业效率为最低值。总体而言，中国农业仍处于较低水平，需要进行产业结构优化，提升中国农业效率。

（3）旅游业与农业耦合协调度分析。基于层次分析法，结论显示旅游业与农业发展仍处于较低水平。根据产业融合理论，探究旅游业是否能够与农业进行耦合，产生协同效应并促进两者的共同发展。本书运用耦合模型对旅游业与农业进行探究，分析中国旅游业与农业融合发展水平及协调度。由层次分析法得到各指标权重用到耦合协调度分析中，并运用式（4-5）$F(x) = \sum_{i=1}^{m} a_i x'_i$ 和式（4-6）$G(y) = \sum_{j=1}^{n} b_j y'_j$ 得出 $F(x)$ 和 $G(y)$，运用式（4-8）$C_2 = \frac{\sqrt{F(x) \times G(y)}}{F(x) + G(y)}$、式（4-9）$D = \sqrt{C \times T}$、式（4-10）$T = \alpha F(x) + \beta G(y)$ 得出 C、D、T 的值。

1995~2017年各指标数值如表4-17所示。

表4-17　1995~2017年中国旅游业——农业耦合协调度数值及评价

年份	$F(x)$	$G(y)$	C	T	D	协调等级
1995	0.3209	0.5590	0.4813	0.4042	0.441	濒临失调
1996	0.3324	0.5396	0.4857	0.4049	0.443	濒临失调
1997	0.3572	0.4794	0.4946	0.4000	0.445	濒临失调
1998	0.2550	0.4727	0.4771	0.3312	0.397	轻度失调
1999	0.3076	0.4187	0.4941	0.3465	0.414	濒临失调
2000	0.3120	0.4382	0.4929	0.3562	0.419	濒临失调
2001	0.3032	0.4328	0.4922	0.3485	0.414	濒临失调
2002	0.3138	0.4616	0.4908	0.3655	0.424	濒临失调
2003	0.2557	0.4630	0.4788	0.3283	0.396	轻度失调
2004	0.4937	0.4996	0.5000	0.4958	0.498	濒临失调
2005	0.2970	0.4605	0.4882	0.3543	0.416	濒临失调
2006	0.3144	0.3394	0.4996	0.3232	0.402	濒临失调
2007	0.3729	0.4719	0.4966	0.4076	0.450	濒临失调
2008	0.3337	0.4963	0.4903	0.3906	0.438	濒临失调
2009	0.3206	0.4083	0.4964	0.3513	0.418	濒临失调
2010	0.3900	0.4180	0.4997	0.3998	0.447	濒临失调
2011	0.5662	0.4590	0.4973	0.5287	0.513	勉强协调
2012	0.4114	0.4569	0.4993	0.4274	0.462	濒临失调
2013	0.4319	0.4917	0.4990	0.4529	0.475	濒临失调
2014	0.4748	0.5092	0.4997	0.4868	0.493	濒临失调
2015	0.4838	0.4732	0.5000	0.4801	0.490	濒临失调
2016	0.5184	0.4392	0.4983	0.4906	0.494	濒临失调
2017	0.5685	0.3954	0.4919	0.5079	0.500	勉强协调

将表 4-17 绘制成图 4-5。

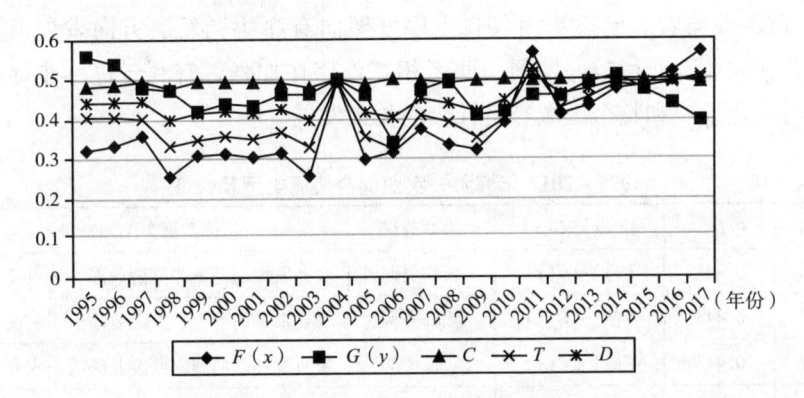

图 4-5 1995~2017 年综合评价值、耦合度及耦合协调度趋势图

由图 4-5 可知,旅游业与农业之间是互相作用的,两系统之间具有一定的耦合性,它们作为旅游业—农业系统的两个子系统,两子系统不同的发展情况造就不同相互作用力,最终形成不同的耦合协调性。两系统的协调发展是增大两者协调性,形成良性发展的基础。

①综合指数的时序分析。从图 4-5 可以看出,旅游综合评价指数和农业综合评价指数基本均呈现上升趋势,1995~2004 年,旅游综合评价指数变动幅度较小,呈现低水平缓慢增长特征,甚至在某些年份出现下降趋势,2005~2017 年,旅游综合指数呈现快速增长态势;1995~2006 年,农业综合评价指数的变动幅度较小,呈现低水平缓慢增长特征,2007~2017 年,农业综合指数呈现快速增长态势。而从数值上来看,大部分时间,旅游综合指数值小于农业综合指数值,旅游业与农业的耦合协调性基本都表现为农业发展远高于旅游业的发展,农业的发展没有充分带动相关旅游业发展,两者相互作用力不足。

②耦合度与耦合协调度的时序分析。关于耦合度与耦合协调度的变化,1995~2017 年中国旅游—农业耦合度一直在 0.5 附近波动,基本无大幅度变化,而耦合协调度大体呈上升态势。从数值上看,耦合度的数值处于 0.4771~0.5000,耦合协调度的数值处于 0.397~0.5000,表明二十年中大部分时间中国旅游业—农业系统的协调发展程度还处于中低水平,协调发展程度有待进一步提升。

(4) 耦合协调类型分析。从耦合协调类型来看,1995~2017 年,中国旅游业—农业系统的耦合协调类型逐渐从濒临失调发展到勉强协调,旅游业与农业耦合协调水平不断增强,可见,二者的协调性正在不断增强(见表4-18)。旅游业与农业已逐步由各自无序发展向有序协调发展方向发展。不仅旅游业和农业都取得较好发展,两者相互作用在加强,有利于进一步促进旅游业与农业发展和整个区域经济社会的长久发展。

表4-18　　　　　1995~2017年旅游—农业耦合协调类型及特征

年份	D	F(x)与G(y)	协调等级	协调发展类型与特征
1995	0.441	$F(x)<G(y)$	濒临失调	农业发展超前型,旅游业滞后于农业
1996	0.443	$F(x)<G(y)$	濒临失调	农业发展超前型,旅游业滞后于农业
1997	0.445	$F(x)<G(y)$	濒临失调	农业发展超前型,旅游业滞后于农业
1998	0.397	$F(x)<G(y)$	轻度失调	农业发展超前型,旅游业滞后于农业
1999	0.414	$F(x)<G(y)$	濒临失调	农业发展超前型,旅游业滞后于农业
2000	0.419	$F(x)<G(y)$	濒临失调	农业发展超前型,旅游业滞后于农业
2001	0.414	$F(x)<G(y)$	濒临失调	农业发展超前型,旅游业滞后于农业
2002	0.424	$F(x)<G(y)$	濒临失调	农业发展超前型,旅游业滞后于农业
2003	0.396	$F(x)<G(y)$	轻度失调	农业发展超前型,旅游业滞后于农业
2004	0.498	$F(x)<G(y)$	濒临失调	农业发展超前型,旅游业滞后于农业
2005	0.416	$F(x)<G(y)$	濒临失调	农业发展超前型,旅游业滞后于农业
2006	0.402	$F(x)<G(y)$	濒临失调	农业发展超前型,旅游业滞后于农业
2007	0.450	$F(x)<G(y)$	濒临失调	农业发展超前型,旅游业滞后于农业
2008	0.438	$F(x)<G(y)$	濒临失调	农业发展超前型,旅游业滞后于农业
2009	0.418	$F(x)<G(y)$	濒临失调	农业发展超前型,旅游业滞后于农业
2010	0.447	$F(x)<G(y)$	濒临失调	农业发展超前型,旅游业滞后于农业
2011	0.513	$F(x)>G(y)$	勉强协调	旅游业发展超前型,农业滞后于旅游业
2012	0.462	$F(x)<G(y)$	濒临失调	农业发展超前型,旅游业滞后于农业
2013	0.475	$F(x)<G(y)$	濒临失调	农业发展超前型,旅游业滞后于农业
2014	0.493	$F(x)<G(y)$	濒临失调	农业发展超前型,旅游业滞后于农业
2015	0.490	$F(x)>G(y)$	濒临失调	旅游业发展超前型,农业滞后于旅游业
2016	0.494	$F(x)>G(y)$	濒临失调	旅游业发展超前型,农业滞后于旅游业
2017	0.500	$F(x)>G(y)$	勉强协调	旅游业发展超前型,农业滞后于旅游业

从协调发展的特征来看,旅游业—农业系统不断趋于协调,但是,农业在早期较长时间比旅游业发展快,旅游业滞后于农业的发展,这种不协调已

经影响两个产业进一步发展，随着时间发展，旅游业迅速发展并赶超农业，此时农业发展开始滞后于旅游业发展，两者仍然存在一定的不协调性，因此需要进一步加快两个产业的耦合，促进两者协同向好发展。

总的来说，可以看到中国"旅游业—农业系统"的耦合协调状况存在明显的年度差异，但从时间发展纵向看，该系统良性向好不断趋于协调。但分析具体数据，看到两个子系统的耦合协调程度还处于中低水平，旅游业与农业发展有些许波动性，旅游业与农业整体耦合协调度较低，需要通过旅游业与农业加强产业融合升级，促进两者的可持续发展。

4.4 本章小结

本章依据建立中国旅游业与农业协调发展水平价指标体系的原则，从规模、结构、成长、效率四个准则，建立旅游业与农业协调发展水平评价体系，运用层次分析法确立各评价指标权重，构建耦合模型评价与研究中国旅游业与农业耦合协调发展水平。

得到如下结果：

（1）1995~2017年，中国旅游发展水平总体上呈现着平稳上升趋势，但是从数值上看水平仍然不高。近年来旅游结构的调整，变得更加多元化，旅游业从之前的主要业务为餐饮和住宿扩展的更加广阔，旅游娱乐业、旅游运输业等逐渐发展起来，旅游结构变得更具竞争性和丰富性。由于"非典"及金融危机的影响，中国旅游发展效率波动较大。中国旅游发展水平虽然有所波动，但大体上呈现逐步上升的趋势。

（2）中国农业发展水平总体上呈现着缓慢下降的趋势。中国农业发展水平从规模结构上来看，呈现增长后下降又增长的趋势。1995~1999年，农村经济结构不断优化，农业规模结构不断扩大，1999~2010年，由于城镇化规模扩大，农业从业人员不断流失，中国农业规模结构呈下降趋势，2010~2017年，随着科学技术不断发展，我国农业生产技术得到提升，农业效率增加，农业规模扩大。

（3）中国旅游业与农业耦合的各方面耦合程度虽然呈现从失调到协调上升趋势，但是其协调水平还处在中低水平。从耦合协调类型来看，中国旅游—农业系统的耦合协调类型逐渐从濒临失调发展到勉强协调，旅游业与农业耦合协调水平不断增强。旅游业与农业已逐步向有序共同协调方向发展。

从协调发展的特征看，旅游业—农业系统不断趋于协调，但是，农业在早期较长一段时间比旅游业发展快，随着时间推进，旅游业迅速发展并赶超农业，此时农业开始滞后于旅游业，两者仍然存在一定的不协调性，这种不协调已经影响两个产业进一步发展。

总的来说，中国"旅游业—农业系统"的耦合协调状况存在明显年度差异，但从时间发展纵向看，此系统不断趋于协调。但从具体数据看，两个子系统的耦合协调程度还处于中低水平，旅游业与农业发展有些许波动性，旅游业与农业整体耦合协调度较低，需要通过旅游业与农业加强产业融合升级，促进两者的可持续发展。

因此，应该继续发展农业产业化经营、挖掘农业对旅游业的多种支撑功能，加强旅游业多元化发展，通过中国旅游业与农业耦合发展得到经济效益和社会效益的双赢。

第5章 旅游业与农业耦合动态发展水平实证研究
——以湖北省为例

为研究中国旅游业与农业两者动态耦合关系,对两者耦合发展提出政策建议,本章以湖北省为例,对其旅游业和农业的耦合发展现状进行阐述,同时基于1998~2017年湖北省旅游业和农业时间序列数据,运用向量自回归模型,从经济发展、投资、就业三方面对湖北省旅游业和农业两者动态关系进行实证分析,在此基础上,构建两者耦合模型评价体系,为之后中国旅游业与农业耦合发展的政策研究提供实证依据。

5.1 湖北省旅游业与农业耦合发展取得的进展

5.1.1 农业旅游发展政策环境改善

湖北省自古农业发达,交通优势明显,发展农业旅游有着天然的禀赋优势。自2010年湖北省旅游局颁布《关于组织开展湖北将休闲农业示范点认定工作的通知》以来,湖北省休闲农业旅游呈现快速良性发展趋势,2010~2017年,农业旅游人次由1500万增长到8000万人次,农业旅游收入由80亿元增长到了320亿元,全省县级以上休闲农业示范点达到5600多家。从2007年颁布的《关于发展全省乡村旅游的指导意见》,到2014年6月出台的《湖北省休闲农业发展总体规划(2013-2020)》,湖北省农业旅游业的发展逐渐受到政府的重视,从打造湖北省休闲农业与乡村旅游大县,到全力打造四大休闲农业板块,湖北省的农业旅游发展环境得到了明显改善。

5.1.2 农业旅游经济效益显著

截至2017年，湖北省旅游综合竞争力全国排名第14位，较前一年度后退了一位，但其旅游总收入排名第8位，进入第一梯队。从具体评价指标分析来看，湖北省的旅游需求现实竞争力、旅游目的地现实竞争力和旅行社现实竞争力均表现较好。湖北省目前旅游行业直接就业人数达到80万人以上，2017年新增旅游直接就业人数9.4万人左右，占全省新增就业人数的1/8以上，带动间接就业人数300多万人，其中发展星级农家乐4万户以上，户均收入高达6万元，湖北省农业旅游对当地经济效益带动作用显著。

5.1.3 农业旅游扶贫效果显著

旅游扶贫是产业扶贫的主要途径。自2010年湖北省休闲农业示范点评定以来，全省休闲农业旅游迅速发展，扶贫旅游效果显著，休闲农业发展规模以及质量均在不同程度上得到了提升。

(1) 发挥优势，推进产业融合。近年来，湖北省实施贫困区"旅游+"工程，推进贫困区旅游与关联产业融合，形成了一批乡村赏花、避暑度假、田园休闲等旅游新业态。自2017年以来，湖北省旅游局与省农业厅联合开发湖北省茶叶开采路线，并组织茶叶文化旅游活动，涵盖武陵山地区、秦巴山地区、大别山区与幕阜山区四个贫困地区。全省各地把民间传统节日活动诸如端午赛龙舟、重阳登高、清明踏青等通过改善宣传升级为旅游文化活动，形成隆中"草庐·诸葛亮"、秭归龙舟节、武当功夫等一批文化旅游品牌，每年接待游客超过千万人次。

(2) 模式创新，带动增收脱贫。近年来，全省各地创造出10余种乡村旅游扶贫模式，产生良好的带动脱贫效果。

"景区带村"模式。建设一个景区，带动贫困地区的就业、农副产品销售和农民创业。2017年，湖北省195个重点旅游景区，帮扶贫困人口52032人，带动扶贫资金投入12.7亿元。

"能人带户"模式。2017年全省172个高星级农家乐帮扶贫困户3112个、贫困人口1.22万人。黄冈"神峰山庄"闻彬军投资1.6亿元开发乡村旅游，为当地农民提供就业岗位2320个，总共带动周边地区3万多人脱贫。

"公司+农户"模式。旅游公司在贫困区开发项目,推动农业旅游深度融合。贫困村保康县尧治河村注册"湖北尧神生态旅游有限公司",注册资本金1亿元,先后建设3个国家4A级旅游景区,由此拉动了全村的农产品销售量,提高了全村人均收入。

据湖北省旅游委统计,截至2017年底,全省总共实现脱贫470万人,其中通过旅游实现脱贫占全省脱贫人数的17%。旅游扶贫的建档立卡重点村人均通过旅游增收5000元以上。农家乐、民宿、旅游购物等相关行业,还为乡村老人、留守妇女、低学历者等贫困弱势人群提供40多万个就业岗位。

5.2 湖北省旅游业与农业耦合发展的有利因素

5.2.1 旅游业战略性支柱产业地位巩固

农业旅游的开发与布局不仅要依托于地区农业的发展,还离不开乡村特色旅游资源的开发利用。湖北省作为中部地区旅游发展大省,旅游资源种类丰富且分布广泛。根据湖北省旅游局统计数据显示,截至2018年底,湖北省5A景区11个,4A景区102个,3A景区101个,湖北名村102个,其中人文资源主要集中在东西部地区,自然资源则分布较为均匀,农业旅游发展潜力大。

作为一个覆盖一二三产业的综合性产业,旅游业的快速发展有效推动了湖北省城市建设、城乡统筹及乡村振兴等领域,在2017年的第十一次党代会上,湖北省首次将"大力推进全域旅游、建设旅游经济强省"提升到战略目标层面,旅游业的战略性支柱产业地位日益显著(见表5-1)。

表5-1   1998~2007年湖北省旅游主要指标

年份	旅游总收入 (亿元)	国内旅游收入 (亿元)	国内旅游人数 (万人次)	外汇收入 (万美元)	入境旅游人数 (万人次)
1998	217.24	210.00	40445.70	8831.40	29.60
1999	247.11	238.50	4659.90	10498.50	30.50
2000	282.26	270.30	5478.50	14572.10	45.10
2001	353.66	337.20	6064.60	20075.10	66.80

续表

年份	旅游总收入（亿元）	国内旅游收入（亿元）	国内旅游人数（万人次）	外汇收入（万美元）	入境旅游人数（万人次）
2002	407.48	384.20	6670.70	28390.90	102.40
2003	342.77	331.60	5684.20	13626.90	40.50
2004	410.00	394.20	6849.20	19240.40	61.20
2005	473.15	450.80	7630.90	27636.30	82.60
2006	539.74	514.24	8459.78	32000.38	105.57
2007	640.87	609.40	10135.00	41264.00	131.81
2008	744.19	713.43	11678.00	44255.31	118.75
2009	1004.48	969.63	15065.18	51020.22	133.46
2010	1460.53	1409.48	20946.00	75116.49	181.74
2011	1992.89	1931.80	27154.87	94018.00	213.52
2012	2629.54	2553.55	34230.00	120296.72	264.72
2013	3205.61	3130.13	40621.04	121892.18	267.96
2014	3752.11	3675.98	46900.00	123851.30	277.07
2015	4308.76	4206.02	50668.24	167190.01	311.76
2016	4879.24	4764.18	56930.83	187238.97	337.56
2017	5514.90	5372.79	63499.86	210473.63	368.14

5.2.2 农业现代化进展加快

旅游业和农业的耦合发展，离不开农业基础的支撑。湖北省农业发展具有优越的气候条件，历史上就是中国重要的农产品生产供应基地。此外，丰富的淡水资源及耕地资源也为湖北农业的多样化发展提供了保障。据湖北省统计年鉴相关数据显示，湖北省农林牧渔业2018年的增加值达到3733.62亿元，同比增长增长4.3%，粮食产量2703.28万吨，占全国的4.35%，农业发展形势大好。

由湖北省农业现代化数据来看，第一，农业机械化情况稳步上升，其中，2017年机播面积与2016年相比增加了7.7%，机械植保面积2017年相比2016年增加了3.31%，同时2017年机械收获面积为4360.01千公顷，相比

2016年增加了3.91%。第二，农村电气化情况持续得到改善，2017年农村用电量相比2016年增加了4.83%。第三，对于农用物资使用情况，农作物施用化肥量不断降低，说明湖北省农业污染情况得到改善。第四，农田水利方面，有效灌溉面积得到提高，2017年机电排灌面积占有效灌溉面积比重为61.1%，2017年有效灌溉面积为2384.14千公顷，其中机电排灌面积为1455.7千公顷，相比2017年增加了1.40%。说明机械化灌溉在湖北省得到了较好的发展，农业资源得到了充分利用①（见表5-2）。

表5-2　　　　　各年份湖北省农业现代化情况　　　　单位：千公顷

项目	2005年	2010年	2014年	2015年	2016年	2017年
机耕面积	2015.93	4517.14	5847	6036.19	5938.37	5929.27
机播面积	233.66	815.61	2091.28	2335.23	2493.92	2685.64
机械植保面积	2848.66	4074.38	4792.82	4850.88	4776.82	4934.92
机械收获面积	1407.62	2780.52	4179.37	4233.67	4196.42	4360.01
农村用电量（亿千瓦小时）	70.09	109.78	142.16	149.1	152.86	156.57
化肥施用量（折纯量）（万吨）	285.83	350.77	348.27	333.87	327.96	317.93
每亩耕地施用化肥（折纯量）（千克）	45.54	44.02	44.13	42.36	41.68	40.48
农用塑料薄膜使用量（万吨）	5.46	6.38	6.92	7.13	6.73	6.59
农用柴油使用量（万吨）	41.31	58.29	67.33	65.61	65.85	66.31
农药使用量（万吨）	11.02	14	12.61	12.07	11.74	10.96
有效灌溉面积	2064.59	2187.17	2325.84	2359.6	2368.75	2384.14
机电排灌面积	1236.11	1320.53	1416.82	1436.61	1453.3	1455.7
占有效灌溉面积的比重（%）	59.9	60.4	60.9	60.9	61.4	61.1

此外，省内各级政府在中国特色社会主义经济思想新时期新要求的指导下，积极适应当下经济发展由高速增长转向高质量发展的新趋势，努力解决地区发展不平衡不充分的问题，重视农村地区基建进程和环境整治，积极促进农业农村的可持续发展。省委、省政府加快完善农业可持续发展的法律体

---

① 资料来源：湖北省统计年鉴（2018）。

系，推动农村生态文明体制改革，促进湖北地区农业的转型升级。与此同时，科学技术在农业的广泛应用也为农业发展提供了新的机遇，生态农业、休闲农业及循环农业等多种农业发展新模式促进了农村各级产业的融合创新，农业农村现代化发展支撑坚固。

5.2.3 农业旅游客源市场多元化

湖北省作为城市化进程较快的省市之一，早在2011年，城镇人口占比就已到达50%。城市人口众多，带来了农业旅游客源市场的扩大，直接推动了湖北省农业旅游的发展。国内农业旅游市场方面，湖北省居民对乡村旅游的兴趣不断高涨，"农家乐"和"周边一日游"的乡村之旅需求不断增加，湖北以外的周边旅游市场如华北、华东等地区发展迅速。在农业旅游入境市场方面，新兴市场如俄罗斯、韩国等地区的客源市场也在迅速发展，湖北省入境旅游市场逐渐呈现出多元化趋势。同时，随着湖北省与其他省份区域旅游合作的开展，包括长江中游城市群旅游、大别山红色旅游在内的区域一体化合作机制也在逐渐完善，区域合作在推动旅游业发展的同时，也为湖北省内旅游吸引了大批量的游客。不仅如此，湖北省高校众多的独特优势所带来的巨大学生市场也是客源市场广大的又一影响因素。综上，广阔的客源市场不仅为湖北省旅游发展提供动力，对于旅游业和农业耦合发展而言也是一大拉力。

5.2.4 农业旅游经济效益辐射面广

湖北省农业旅游通过充分发挥自身劳动密集型产业的优势，在促进省内农村服务业快速发展的同时，不断提高农村居民生活水平，满足农村人口日益增长的物质、文化需求。2017年，星级农舍带动46800户农民致富，每户年均收入超过8万元。湖北农业旅游利用"两型产业"和"主导产业"优化湖北省农村产业结构，为湖北省农业发展提供了新的空间。同时湖北省作为中国中部地区交通枢纽，区域交通发达，截至2017年底，省内公路交通里程已达26.95万公里，实现100%的县市通国道及100%的乡镇通国省道。湖北省国内交通枢纽的优势将为乡村振兴战略的实施打下坚实的基础，对于旅游业产业融合发展等方面也将做出积极贡献力量。

5.3 湖北省旅游业与农业耦合发展的不利因素

湖北省作为中部地区旅游业和城镇化发展水平较高的省份之一,近年来尤其重视旅游发展质量,并要求在新时代旅游需求从城市转向乡村的情况下,大力提高乡村现代化进程,提升乡村旅游吸引力。然而在此过程中,湖北省旅游业与农业耦合过程中仍面临着许多阻碍因素和不利条件。

5.3.1 布局规划滞后

从总体上讲,湖北省休闲农业缺乏科学有效的具体规划,导致全省农业旅游发展发展布局滞后。首先,湖北省休闲农业的发展缺乏政府引导,结构布局缺乏完整性。休闲农场的定位,投资和建设缺乏科学规划,项目市场定位不够明确,布局不合理,农场的主题和特点不清晰,休闲农业的"农"味道不强,大多数农场的重复建设水平低。其次,许多地方的乡村旅游基础设施设备相对落后,住宿、停车、道路、公厕等设施不完善,卫生条件不能满足不同地区,不同层次,甚至部分地区的游客需求。这些因素将导致顾客的黏度下降,这将不可避免地影响当地游客的停留时间和次数。无论是湖北省的对外公共基础设施还是内部景区和景区的接待能力和住宿条件,都需要进一步加强和完善。

5.3.2 产业化发展薄弱

目前,湖北省农业旅游景区的商业模式不过是休闲农家乐,休闲山村,农业旅游区,生态旅游景点等。大部分旅游产品单一且类似,对于满足游客对"吃、住、行、游、购、娱"的需求,如养生和购物的旅游产品较为缺乏。农村特色不突出,农村文化传统,民俗风情和民俗资源缺乏深入开发。很少有活动满足深层次,参与感强,文化内涵丰富,可反复购买的特征。虽然一些景区已经开始着手农村文化的发展,但在发展过程中尚未达到商品的先进水平,村庄对游客提供的服务形式依然单一。旅游产业链的作用尚未完全揭示。建议湖北省应重点关注各类农产品,从种植,养殖,加工,生产系列产品入手,再以旅游产品销售,形成产业链,高附加值,实现可持续发展。

5.3.3 相关从业人员专业性不强

截至 2017 年,全国导游人数有 516000 人,湖北省导游人数只占全国的 4.5%,而专门从事乡村旅游导游业的人员则更少。另外,湖北省导游人员地区分布也不均匀,武汉地区导游人员就占了全国的 43%,因此湖北省旅游业相关从业人员的专业素养还有待提高,否则无法满足全省快速发展的旅游业甚至农业旅游业。湖北省应该改善农业旅游的管理模式,利用当地人管理的同时,旅游相关从业人员也应该参与管理活动,这样不仅可以充分发挥当地旅游业和农业的优势,也可以提升当地农业旅游的服务质量。

5.3.4 区域发展不均衡

湖北省地处中国中部,拥有其他省市不可替代的地域和资源优势,也决定其在全国经济发展格局中承东启西、接南转北的重要连接点作用和战略支点作用。因此,湖北省的旅游和经济发展质量对全国旅游发展乃至经济发展具有重要的联动作用。近十年来,湖北省旅游业发展迅速,但日益明显的区域发展差异和不合理的城市发展格局极大地制约了全省农业旅游的产业发展。由湖北省地区生产总值趋势图可以看出,在湖北省 12 个地级市中,武汉市首位度分布显著,与其他 11 个省辖市的旅游产业发展拉开了较大的差距,[①] 其他城市如黄石、鄂州等存在旅游业发展与城镇化发展水平不匹配的问题,属于旅游业滞后型城市。旅游业的不均衡发展可能会降低旅游目的地吸引力,带来较差的游客体验和游客感知,阻碍旅游业的发展(见图 5 - 1)。

与旅游业发展一样,湖北省内城镇化情况同样存在着不均衡的低于空间发展差异问题。省会武汉市的城镇化水平仍然处于绝对领先地位,其他 11 个地级市发展水平远落后于武汉市,且城乡统筹发展协调度低,发展速度缓慢,不利于农业旅游尤其是以乡村为主体依托和实践地的休闲农业发展,也会影响旅游业与农业耦合协调发展。

---

① 资料来源:湖北省统计局.

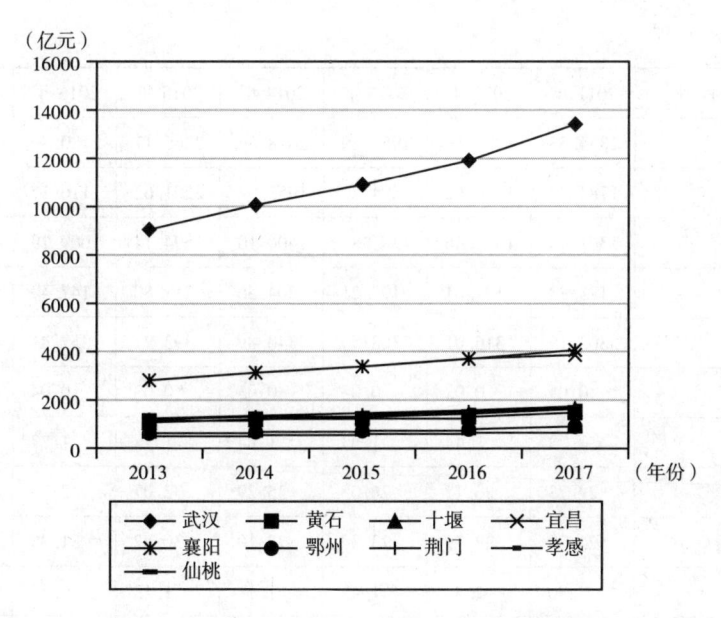

图 5-1　2013~2017 年湖北省地区生产总值

5.3.5　传统农业种植结构失调

湖北省地处亚热带季风气候区，自古便是国家重要粮食产量大省之一。巨大的粮食产出压力和悠久的农作物种植传统，不仅让湖北省农业发展转型面临困境，也让农业旅游融合发展面临巨大阻碍（见表 5-3）。

表 5-3　　　　2011~2017 年湖北省分品种主要农作物产量　　　　单位：万吨

品种	2011 年	2012 年	2013 年	2014 年	2015 年	2016 年	2017 年
粮食作物总计	2407.45	2485.14	2586.21	2658.26	2914.75	2796.35	2846.13
夏收粮食	415.84	437.75	490.08	493.82	493.09	497.59	488.24
谷物	354.92	381.84	429.09	435.09	435.52	443.68	430.05
小麦	349.78	377.25	425.29	431.43	431.99	440.74	426.90
大麦	4.97	4.31	3.45	3.32	3.22	2.48	2.69
蚕豌豆	8.19	5.53	5.96	5.90	3.03	3.00	3.11
马铃薯	52.74	50.38	55.04	52.83	54.54	50.91	55.09
早稻	137.28	146.25	144.24	145.78	155.49	117.87	100.87

续表

品种	2011年	2012年	2013年	2014年	2015年	2016年	2017年
秋收粮食	1854.33	1901.14	1951.89	2018.66	2266.17	2180.89	2257.02
谷物	1783.27	1838.62	1894.70	1953.54	2201.62	2116.17	2185.11
中稻	1301.40	1327.46	1385.87	1406.10	1594.14	1609.19	1688.73
双季晚稻	175.82	192.61	198.21	204.56	211.80	147.40	137.56
玉米	303.19	316.01	308.50	340.89	393.71	357.41	356.75
谷子	0.04	0.02	0.03	0.03	0.03	0.04	0.04
高粱	2.73	2.44	1.93	1.84	1.78	1.87	1.78
豆类	29.73	26.17	26.05	35.29	32.07	32.35	35.37
大豆	25.39	22.79	23.33	33.10	30.52	31.35	34.31
绿豆	2.90	2.33	1.43	1.11	1.15	0.57	0.61
薯类	41.33	36.36	31.14	29.82	32.48	32.36	36.54
马铃薯	7.84	9.13	7.84	7.46	7.98	9.20	9.79
油料作物	293.13	305.13	315.57	321.18	316.71	305.15	307.69
花生	71.67	78.16	72.21	73.83	73.21	77.98	78.37
油菜籽	206.02	212.15	227.90	230.86	226.02	211.14	213.17
芝麻	12.37	11.78	10.79	11.15	10.78	9.51	10.55
棉花	52.90	53.53	46.36	36.30	30.08	19.00	18.40
麻类	0.98	0.73	0.58	0.45	0.31	0.24	0.25
黄红麻	0.03	0.02	0.01	0.01	0.01	0.01	0.01
甘蔗	27.55	25.51	22.81	23.37	23.81	26.97	26.98
烟叶	12.58	12.74	10.83	7.35	7.08	8.15	6.84
烤烟	8.64	8.69	8.12	6.04	6.30	7.31	6.18
蔬菜（含菜用瓜）	3244.71	3375.50	3438.55	3513.70	3664.08	3712.77	3826.40

由"湖北省2011~2018年统计年鉴"关于湖北省主要农作物生产的统计数据可知，湖北省农业资源利用效率低，综合性不强，农业资源丰富。只有通过发展农业资源的旅游特色，才能充分挖掘其特色价值，促进农业资源优化，从而提高农产品附加值，使湖北省农业旅游的观赏价值得到改进。

5.4 基于 VAR 模型的湖北省旅游业与农业耦合发展动态关系实证研究

5.4.1 VAR 模型的建立与检验

(1) 模型建立。向量自回归是指系统内每个方程有相同的等号右侧变量,且系统中内生变量都能作为内生变量的滞后值函数来构造模型,这是一种非结构化的多方程模型,它的优势是可以使用脉冲分析,方差分解来研究变量之间的长期变化趋势,在研究事物之间的时间序列关系和随机扰动对事物之间关系的干扰被广泛应用,因此能够很好解释不同类型的经济影响因素和经济变量的关系。基于给中国旅游业和农业耦合发展提供分析思路的目的,本节以湖北省为例,通过构建向量自回归模型,从经济发展、投资、就业三个方面对旅游业与农业的动态关系进行实证研究。向量自回归模型一般形式如式 (5-1) 所示:

$$Y_t = \alpha_1 Y(t-1) + \cdots + \alpha_p Y(t-p) + \beta_1 X(t-1) + \cdots + \beta_p X(t-p) + \varepsilon t \qquad (5-1)$$

式 (5-1) 中,t 表示时期;Y_t 为 k 维内生列向量;p 为滞后阶数;k 阶矩阵 α_1、$\beta_1 \cdots \alpha_p$、β_p 为待估计的系数矩阵;εt 是 k 维扰动列向量,假定其不与自身滞后值相关,并且不与滞后列向量相关,但是相互之间可以同期相关。

(2) 变量选取与数据说明。旅游业和农业之间是存在一定相互作用的,从而能在一定程度上对两者长期互动关系进行实证分析。根据旅游业系统和农业系统的不同点与各自的特色,同时还要对其指标数据的可选择性、全面性和代表性中的层次特点等来进行湖北省旅游业和农业系统的动态关系模型体系的构建,从而研究这两个系统间的耦合协调度。本研究从湖北省旅游业与农业的发展、投资、就业三方面关系入手,分别选取了湖北省旅游业总收入和农业总产值,旅游业从业人数和农业从业人数,旅游业固定资产投资额和农业固定资产投资额三对数据进行实证分析。

其中湖北省旅游业和农业总产值分别记作 AG 和 TI,旅游业和农业从业

人数分别记作 $a1$ 和 $a2$，旅游业和农业固定资产投资额分别记作 $b1$ 和 $b2$，为了剔除数据的长期趋势，本节对被选取的数据全部取对数处理。

所选择的样本数据区间为 1998～2017 年湖北省的年度数据，原始数据均来源于历年湖北省统计年鉴，所有计量研究均在 EViews8.0 软件上完成。

5.4.2 湖北省旅游业和农业发展关系实证分析

基于研究湖北省旅游业和农业发展的长期动态关系的目的，本书选取湖北省旅游总收入和农业总产值两组时间序列构建向量自回归模型。

（1）平稳性检验。通常经济变量的时间序列都是不平稳的，如果使用普通的多元回归分析，可能将序列本身由于时间原因而产生的变化归因于研究变量，从而导致出现"伪回归"。为了避免这种现象的发生，在研究时间序列之前应该首先判断该变量的单整阶数。本节使用 ADF 单位根检验法，检验结果如表 5-4 所示。可以看出，在使用原始变量进行单位根检验时，在 1% 显著性水平下，变量旅游总收入和农业总产值 t 值小于临界值，接受原假设，该时间序列为非平稳序列。对两个时间序列作一阶差分，对其一阶差分序列进行检验，t 值大于临界值，拒绝原假设，所以变量旅游总收入和农业总产值是一阶单整序列。

表 5-4　　　　　　　　　　ADF 单位根检验

变量	t 值	1% 临界值	5% 临界值	10% 临界值	Prob.	结果
$\ln TI$	-1.394859	-4.284580	-3.562882	-3.215267	0.8425	不平稳
$\ln AG$	-3.969448	-4.394309	-3.612199	-3.243079	0.0209	不平稳
$D(\ln TI)$	-4.875871	-4.296729	-3.568379	-3.218382	0.0025	平稳
$D(\ln AG)$	-4.567824	-4.396729	-3.618379	-3.248382	0.0063	平稳

（2）模型最优滞后阶数检验。本节所使用的时间序列数据的样本容量不够大，所以为了确定合理的自由度，消除误差项的自相关性，使用 AIC、SC 信息准则来选择最优滞后阶数，根据表 5-5 中模型滞后选择性检验的结果可以确定 VAR 模型的滞后阶数为 9。

表 5-5　　　　　　　　VAR 模型滞后阶数选择性检验

Lag	LogL	LR	FPE	AIC	SC	HQ
0	-36.37113	NA	0.096422	3.336620	3.435259	3.361453
1	24.74748	106.2932	0.000674	-1.630216	-1.334000	-1.555718
2	31.22477	10.13836*	0.000549	-1.845632	-1.351939*	-1.721469
3	35.35794	95.88963	0.000552	-1.865908	-1.174738	-1.692080
4	38.75996	4.019844	0.000616	-1.805214	-0.916566	-1.581214
5	42.03790	3.420460	0.000718	-1.742426	-0.656301	-1.469268
6	46.78915	4.131522	0.000760	-1.807752	-0.524150	-1.484930
7	53.81360	4.886574	0.000718	-2.070747	-0.589668	-1.698260
8	68.45140	7.637114	0.000396*	-2.995774	-1.317217	-2.573622
9	74.42391	2.077396	0.000585	-3.167297*	-1.291263	-2.6954779*

注：*表示 AIC、SC、HQ 的最小值，按经验法则选取*号较多的那一行所对应的滞后阶数作为最优滞后阶数。

（3）判断模型稳定性。AR 检验用来判断整个 VAR 模型稳定性，如果模型特征根的倒数值均落在单位圆内，则表明 VAR 模型是平稳的，否则则不平稳。本节使用特征根法对 VAR（9）模型进行平稳性检验，结果如图 5-2 所示，特征根落在单位圆内，表明模型是稳定的。

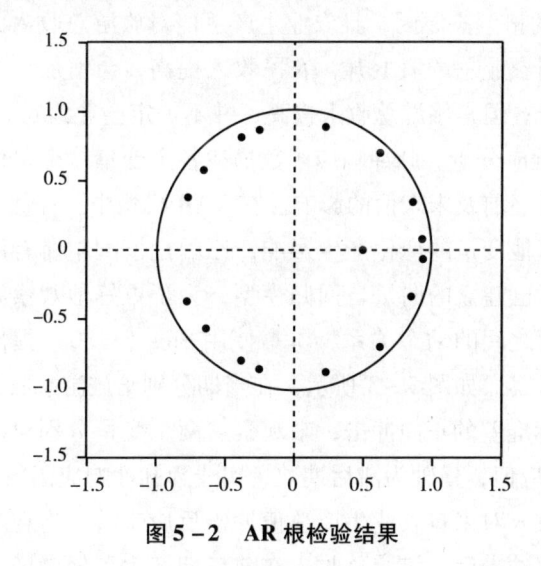

图 5-2　AR 根检验结果

（4）格兰杰因果关系检验。为更好地判断湖北省旅游业总收入（LNTI）

和农业总产值（LNAG）之间的动态关系，在此使用格兰杰因果关系检验。格兰杰因果关系检验可以检验出湖北省旅游业总收入和农业总产值在统计上是否具有因果关系，检验结果如表 5-6 所示。

表 5-6　　　　　　　　　　格兰杰因果关系检验

原假设	滞后期	F 值	P 值	结果
农业不是引起旅游业变化的格兰杰原因	1	13.5115	0.0020	拒绝***
旅游业不是引起农业变化的格兰杰原因	1	0.13066	0.7225	接受
农业不是引起旅游业变化的格兰杰原因	2	5.94285	0.0147	拒绝**
旅游业不是引起农业变化的格兰杰原因	2	0.29853	0.7469	接受
农业不是引起旅游业变化的格兰杰原因	3	6.11515	0.0124	拒绝**
旅游业不是引起农业变化的格兰杰原因	3	1.23344	0.3687	接受
农业不是引起旅游业变化的格兰杰原因	4	3.23436	0.0839	拒绝*
旅游业不是引起农业变化的格兰杰原因	4	0.26730	0.8900	接受

注：*、**、***表示在10%、5%、1%水平上（双尾检验）拒绝原假设，接受备选假设。

从表 5-6 可以看出，在滞后期为 1、2、3、4 期时，湖北省旅游总收入（LNTI）均不是湖北省农业总产值（LNAG）的格兰杰原因，但是在 1%、5%、10% 的显著性水平下，湖北省农业总产值（LNAG）是湖北省旅游业总收入（LNTI）的格兰杰原因，且农业生产总值对旅游总收入的显著影响持续了 4 期，这说明农业总产值上升，农民收入提高，会增加潜在游客数量，旅游总收入会上升；但是旅游总收入提高，并不一定会导致农业总产值上升。

（5）脉冲响应分析。脉冲响应函数描述各个变量一个单位方差的变化对其他变量和自身当前及未来值的影响。在 VAR 模型中，任何一个变量的冲击都会对自己和其他变量的变化产生影响，原因是模型中所有的变量都与其他变量相关。基于已建立的向量自回归模型，为了更好地观察湖北省旅游总收入、农业总产值之间的动态关系，本书使用 Sim（1980）提出的 Cholesky 分解法进一步来考察。如图 5-3 所示，在当期分别给旅游总收入和农业总产值一个 Cholesky 标准差的正向冲击，来观察这两个变量分别对冲击有什么反应（纵轴为脉冲响应值，横轴为滞后期数，实线为脉冲响应函数）。

从旅游总收入对来自农业生产总值冲击反应来看，当在当期给农业生产总值水平一个正冲击后，旅游总收入在前三期产生了轻微的负响应，变化并不明显，从第三期到第四期，响应值迅速增大至峰值 0.17 左右。之后从第四期到第十四期,响应值一直在正值上下波动,在第十四期趋向于零,十四期之后响应值在零值附近微弱波动。由波动趋势可以看出,湖北省农业生产总值受到外部条件的某一冲击后,在短时间内并不能够给旅游总收入带来明显的影响,而是存在滞后的促进作用,且促进作用持续的单位期较长,这种促进作用与我们所学的理论知识相符,即一个地区旅游业的发展,不仅依靠当地的风景区等旅游产品,同时也依赖于本地区农林渔牧等第一产业对旅游业的协助与促进作用。

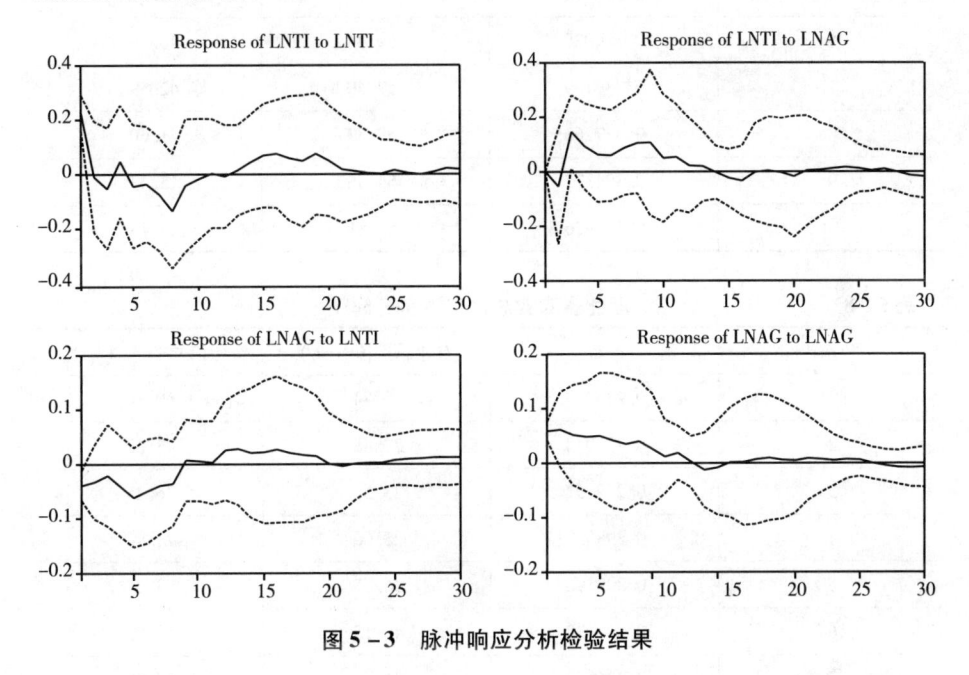

图 5-3 脉冲响应分析检验结果

从农业生产总值对来自旅游总收入冲击反应来看,当在当期给旅游总收入水平一个正冲击后,在冲击发生的第一期里农业省总值就体现了较明显的变化,数值在 -0.05 附近,在第一期到第九期中响应值在负值上下波动,在这里旅游收入的变化对湖北省农业总产值产生了负的影响,其原因可能是在旅游业发展前期,旅游业与农业存在冲突,旅游业发展限制了农业的生产。之后在第九期到第二十期,响应值一直持续为正,最后数值在零值附近微弱波动,旅游业的发展对农业生产表现出了正向的影响,表明旅游业可以带动当地农业的发展。

(6) 方差分解。为记录湖北省农业就业人数和旅游业就业人数对各自的贡献程度。对两个时间序列进行方差分解。结果如表 5-7、表 5-8 所示。

表 5 – 7　　　　　　　　湖北省旅游总收入方差分解

Period	S. E.	农业总产值（%）	旅游总收入（%）
1	0.225359	100.00	0.00
2	0.232034	94.50	5.49
3	0.279257	68.94	31.05
4	0.298332	62.93	37.05
5	0.308196	61.12	38.87
6	0.316038	59.44	40.55
7	0.336179	57.40	42.59
8	0.377263	58.39	41.60
9	0.394377	54.56	45.43
10	0.397926	53.81	46.18

表 5 – 8　　　　　　　　湖北省农业总产值方差分解

Period	S. E.	农业总产值（%）	旅游总收入（%）
1	0.225359	30.84	69.16
2	0.232034	27.48	73.52
3	0.279257	23.55	76.45
4	0.298332	28.06	71.94
5	0.308196	36.75	63.25
6	0.316038	40.15	59.85
7	0.336179	41.64	58.36
8	0.377263	41.90	58.10
9	0.397926	41.14	58.86
10	0.397926	41.02	58.98

在湖北省旅游总收入方差分解表中，湖北省旅游总收入对自身的贡献程度最大，从期初的100%下降至第十期的53.81%，农业总产值对旅游总收入贡献程度从期初的0上升至第十期的46.18%。由此可以看出，长期的情况下，农业总收入变化对旅游业总收入的影响十分显著，说明湖北省旅游业的发展依赖于本地区农业的协助与促进作用。

在湖北省农业总产值方差分解表中，湖北省农业总收入对自身的贡献期初为 69.16%,缓慢上升至第四期后开始下降,最后贡献度维持在约 58% 的水平,旅游业总产值的贡献度则呈现相反趋势,最后维持在 41% 的水平,由此可以看出,长期的情况下,湖北省旅游业总收入变化对当地农业的影响较为显著。

5.4.3 湖北省旅游业和农业投资关系实证分析

(1) 平稳性检验。为避免"伪回归",在研究时间序列之前需要先判断经济变量的单整阶数。本研究使用了 ADF 单位根检验对数据进行处理,结果如表 5-9 所示。可以看出,在使用原始变量进行单位根检验时,在 1% 显著性水平下,变量农业固定资产投资额和旅游业固定资产投资额结果 t 值小于临界值,接受原假设,该时间序列为非平稳序列。对两个时间序列作一阶差分,对其一阶差分序列进行检验,t 值大于临界值,拒绝原假设,所以变量农业固定资产投资额和旅游业固定资产投资额是一阶单整序列。

表 5-9　　　　　　　　　ADF 单位根检验

变量	t 值	1% 临界值	5% 临界值	10% 临界值	Prob.	结果
lnb_1	1.362968	-2.699769	-1.961409	-1.606610	0.9503	不平稳
lnb_2	-0.111067	-2.717511	-1.964418	-1.605603	0.7038	不平稳
D(lnb_1)	-3.989385	-3.857386	-3.040391	-2.660551	0.0084	平稳
D(lnb_2)	-4.721808	-3.886751	-3.052169	-2.666593	0.0019	平稳

(2) 模型最优滞后阶数检验。本节使用 AIC、SC 信息准则来选择最优滞后阶数,根据表 5-10 中模型滞后选择性检验的结果可以确定 VAR 模型的滞后阶数为 3。

表 5-10　　　　　　　　VAR 模型滞后阶数检验

Lag	LogL	LR	FPE	AIC	SC	HQ
0	-27.32324	NA	0.133986	3.665405	3.761979	3.670351
1	14.46215	67.90126*	0.001201	-1.057768	-0.768048	-1.042932
2	20.22449	7.923217	0.000997	-1.278061	-0.795193	-1.253334
3	28.53400	9.348200	0.000632*	-1.816750*	-1.140734*	-1.782132*
4	30.44745	1.674267	0.000972	-1.555931	-0.686768	-1.511422

注:*表示 AIC、SC、HQ 的最小值,按经验法则选取 * 号较多的那一行所对应的滞后阶数作为最优滞后阶数。

(3) 判断模型稳定性。使用 AR 根检验来判断整个 VAR 模型的稳定性，结果如图 5-4 所示，特征根落在单位圆内，表明模型是稳定的。

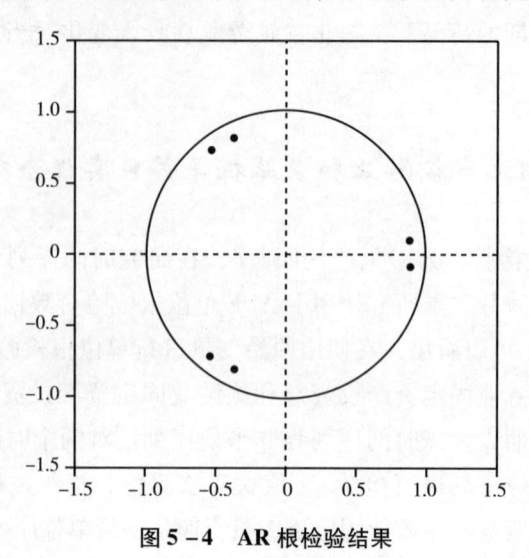

图 5-4 AR 根检验结果

(4) 格兰杰因果关系检验。为更好地判断湖北省旅游固定资产投资与农业固定资产投资之间的动态关系，在此使用格兰杰因果关系检验。格兰杰因果关系检验可以检验出湖北省旅游固定资产投资和农业固定资产投资在统计上是否具有因果关系，检验结果如表 5-11 所示。

表 5-11　　　　　　　　　格兰杰因果关系检验

原假设	滞后期	F 值	P 值	结果
农业不是引起旅游业变化的格兰杰原因	1	5.57722	0.0312	拒绝**
旅游业不是引起农业变化的格兰杰原因	1	0.44490	0.5143	接受
农业不是引起旅游业变化的格兰杰原因	2	3.51119	0.0604	拒绝*
旅游业不是引起农业变化的格兰杰原因	2	1.43081	0.2744	接受
农业不是引起旅游业变化的格兰杰原因	3	3.95298	0.0426	拒绝**
旅游业不是引起农业变化的格兰杰原因	3	1.84417	0.2029	接受

注：*、**、*** 表示在 10%、5%、1% 水平上（双尾检验）拒绝原假设，接受备选假设。

从表 5-11 可以看出，在滞后期为 1、2、3 期，显著性水平选取 5%、10% 的情况下，湖北省农业固定资产投资（LNB1）是湖北省旅游固定资产投资（LNB2）的格兰杰原因，但是湖北省旅游业固定资产投资（LNB2）不是湖北省农业固定资产投资（LNB1）的格兰杰原因，说明农业固定资产投入的提升对旅游业固定资产投入的增加有显著影响，且影响时间可以持续3期，其原因可能是农业固定资产投入增加导致农民收入水平的提高，进而促进旅游收入上升，引起旅游固定资产投资额的提升，但旅游固定资产投资额的提高不一定会带来农业固定资产的提升。

（5）脉冲响应分析。基于已建立的向量自回归模型，为更好地观察湖北省旅游业固定资产投资额、农业固定资产投资额人数之间的动态关系，本节使用Sim（1980）提出的Cholesky分解法进一步来考察。如图5-5所示，在当期分别给旅游固定资产投资额和农业固定资产投资额一个Cholesky标准差的正向冲击，来观察这两个变量分别对冲击有什么反应（纵轴为脉冲响应值，横轴为滞后期数，实线为脉冲响应函数）。

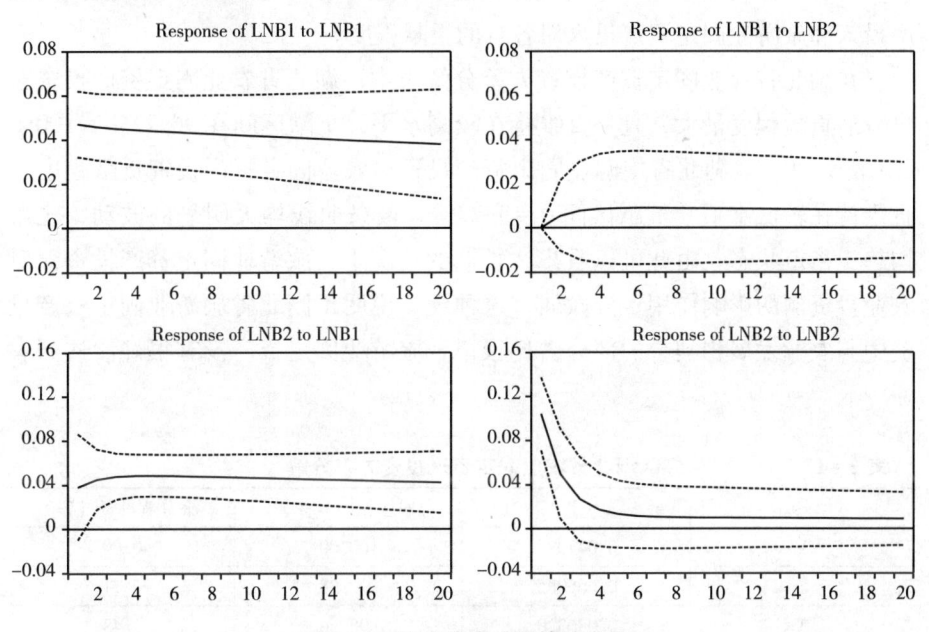

图5-5 脉冲响应分析检验结果

从旅游业固定资产投资对来自农业从业者人数冲击反应来看，当在当期给农业从业人数水平一个正冲击后，旅游从业人数在当期产生了正向响应，响应值在0.04左右，从第一期到第三期缓慢增大到峰值0.05之后一直维持到第十期。由此变化过程可以看出，农业固定资产投资额的变化对旅游业投资额会产生正向影响，且影响程度较为显著，说明当地农业固定资产增加会带动旅游业的发展，促进旅游业投资额的增加，且影响持续较长时间。

从农业固定资产投资额对来自旅游业投资额冲击反应来看，当在当期给旅游业从业人数水平一个正冲击后，农业投资额在当期没有立刻发生变化，之后反应值逐渐增大，到第四期反应值在 0.01 左右，之后到第十期都一直维持在这个水平。由此变化过程可以看出，旅游业固定资产投资额的变化对农业投资额会产生正向影响，且影响存在滞后性，影响持续时间长，但影响程度不显著，其原因可能是旅游固定资产投资额增加一定程度上会带动当地农业的发展，但是旅游业产业与农业关联程度不高，所以影响不显著。从以上两个脉冲响应图也可以看出，湖北省农业固定资产投资额和旅游业投资额之间可以相互促进，且影响时期长，但是农业投资额对旅游业投资额的影响相对来说更加显著。

（6）方差分解。对两个时间序列进行方差分解，记录湖北省农业固定资产投入和旅游业固定资产投入对各自的贡献程度。

在湖北省农业固定资产投资方差分解表中，湖北省农业固定资产投资对自身的贡献程度最大，且一直维持在较高水平，贡献区间在 96.72% ~ 100%（见表 5 - 12）。湖北省旅游业固定资产投资对农业固定资产投资贡献程度一直维持在较低水平，贡献区间 0 ~ 3.27%，两条曲线均无明显的波动，之后均趋于稳定状态。由此可以看出，长期的情况下，旅游业固定资产投资额对农业投资额的影响作用十分微弱，这种现象说明了湖北省旅游业固定资产投资中与农业发展相契合的部分占比很小，旅游业固定资产没有很好渗透到农业中。

表 5 - 12　　　　　　　湖北省农业固定资产投资方差分解

Period	S. E.	农业投资（%）	旅游业投资（%）
1	0.047098	100.00	0.00
2	0.065986	99.28	0.71
3	0.080320	98.56	1.43
4	0.092263	98.02	1.97
5	0.102647	97.62	2.37
6	0.111905	97.33	2.66
7	0.120298	97.12	2.87
8	0.127997	96.95	3.04
9	0.135124	96.82	3.17
10	0.141768	96.72	3.27

在湖北省旅游业固定资产投资方差分解表中（见表 5-13），旅游业固定资产投资额贡献度由最初的 11.75% 快速上升，到第十期贡献度为 59.09%，超过了旅游业固定资产对其自身的贡献度 41.89%，由此可以看出，长期的情况下，农业固定资产投资额对旅游业投资额的影响作用十分显著，这种现象说明了湖北省农业固定资产很好地渗透到了当地旅游业中。

表 5-13　　　　　湖北省旅游业固定资产投资方差分解

Period	S. E.	农业投资	旅游业投资
1	0.111032	11.75	88.24
2	0.129733	20.69	79.30
3	0.140924	29.05	70.94
4	0.149963	36.11	63.88
5	0.158207	41.89	59.10
6	0.165841	46.64	53.35
7	0.172986	50.58	49.41
8	0.179712	53.88	46.11
9	0.186071	56.68	43.31
10	0.192103	59.09	40.90

从以上两个方差分析中可以看出，湖北省旅游业和农业的固定资产投资之间相互影响关系并不平衡，农业对当地旅游业固定资产投资的影响力更大，需要加大湖北省旅游基础设施的投资，完善基础设施的建设，进一步促进旅游业带动农业固定资产投资的增长。

5.4.4　湖北省旅游和农业就业关系实证分析

（1）平稳性检验。为避免"伪回归"，在研究时间序列之前需要先判断经济变量的单整阶数。本研究使用 ADF 单位根检验法对数据进行处理，结果如表 5-14 所示。可以看出，在使用原始变量进行单位根检验时，在 1% 显著性水平下，变量农业从业人数和旅游业从业人数结果 t 值小于临界值，接受原假设，该时间序列为非平稳序列。对两个时间序列作一阶差分，对其一阶差分序列进行检验，t 值小于临界值，接受原假设，所以该时间序列的一阶差分序列为非平稳序列。对两个时间序列作二阶差分，对其二阶差分序列进行检验，t值大于临界值，拒绝原假设，所以变量农业从业人数和旅游业从业人数是二阶单整序列。

表 5-14   ADF 单位根检验

变量	t 值	1%临界值	5%临界值	10%临界值	Prob.	结果
lna1	-1.067085	-2.699769	-1.961409	-1.606610	0.2473	不平稳
lna2	5.734182	-2.692358	-1.960171	-1.607051	1.0000	不平稳
D(lna1)	-0.491967	-3.857386	-3.040391	-2.660551	0.8716	不平稳
D(lna2)	-3.437713	-3.857386	-3.040319	-2.660551	0.0232	不平稳
D(lna1,2)	-4.737686	-4.616209	-3.710482	-3.297799	0.0047	平稳
D(lna2,2)	-6.145611	-4.616209	-3.710482	-3.297799	0.0007	平稳

（2）模型最优滞后阶数检验。使用 AIC、SC 信息准则来选择最优滞后阶数，根据表 5-15 中模型滞后选择性检验的结果可以确定 VAR 模型的滞后阶数为 5。

表 5-15   VAR 模型滞后阶数选择性检验

Lag	LogL	LR	FPE	AIC	SC	HQ
0	-7.077869	—	0.011505	1.210382	1.304789	1.209377
1	48.32401	88.64301	1.23e-05	-5.643201	-5.359981	-5.646218
2	51.28297	3.945280	1.47e-05	-5.504396	-5.032363	-5.509424
3	58.67653	7.886468	1.04e-05	-5.956871	-5.296024	-5.963911
4	73.21650	11.63197*	3.16e-06*	-7.362200	-6.512540*	-7.371251
5	78.41373	2.771855	4.17e-06	-7.521830*	-6.483357	-7.532892*

注：*表示 AIC、SC、HQ 的最小值，按经验法则选取*号较多的那一行所对应的滞后阶数作为最优滞后阶数。

（3）判断模型稳定性。使用 AR 根检验来判断整个 VAR 模型的稳定性，结果如图 5-6 所示，特征根落在单位圆内，表明模型是稳定的。

（4）格兰杰因果关系检验。为更好地判断湖北省农业就业人数与旅游业就业人数之间的动态关系，在此使用格兰杰因果关系检验。格兰杰因果关系检验可以检验出湖北省农业就业人数和旅游业就业人数在统计上是否具有因果关系，检验结果如表 5-16 所示。

图 5-6　AR 根检验结果

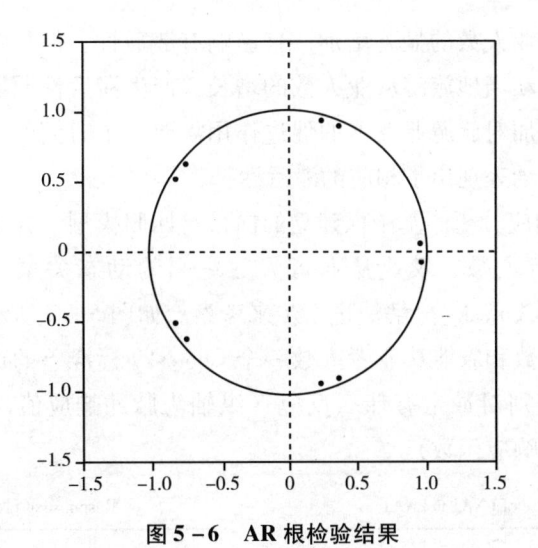

表 5-16　　　　　　　　　　　格兰杰因果关系检验

原假设	滞后期	F 值	P 值	结果
农业不是引起旅游业变化的格兰杰原因	1	0.90280	0.3562	接受
旅游业不是引起农业变化的格兰杰原因	1	4.30380	0.0545	拒绝*
农业不是引起旅游业变化的格兰杰原因	2	0.40790	0.6733	接受
旅游业不是引起农业变化的格兰杰原因	2	1.15410	0.3456	接受
农业不是引起旅游业变化的格兰杰原因	3	0.22499	0.8769	接受
旅游业不是引起农业变化的格兰杰原因	3	0.51335	0.6822	接受
农业不是引起旅游业变化的格兰杰原因	4	0.47634	0.7530	接受
旅游业不是引起农业变化的格兰杰原因	4	1.00466	0.4652	接受
农业不是引起旅游业变化的格兰杰原因	5	0.33878	0.8669	接受
旅游业不是引起农业变化的格兰杰原因	5	7.96449	0.0332	拒绝**

注：*、**、*** 表示在 10%、5%、1% 水平上（双尾检验）拒绝原假设，接受备选假设。

从表 5-16 可以看出，在滞后期为 1、5 期，显著性水平选取 5%、10% 的情况下，湖北省旅游业就业人数（LNA2）是湖北省农业就业人数（LNA1）的格兰杰原因，但是湖北省农业就业人数（LNA1）不是湖北省旅游业就业人数（LNA2）的格兰杰原因。旅游业就业人数对农业就业人数影响在持续了一期之后变得不显著，但是从第五期开始旅游业就业人数又开始产生显著影响，其影响效应表现出了明显的滞后性。说明旅游业从业人数的上升会带动农业从业人数的显著增加,且影响有滞后性,但是农业从业人数的增加不一定会带动当地旅游从业人数的增长。产生滞后性原因可能是当地旅游业就业人员增加对旅游业发展的促进作用需要一个时间的积累过程,因此对本地农业的带动表现出了相应的滞后性。

(5)脉冲响应分析。基于已建立的向量自回归模型,为了更好地观察湖北省旅游从业者人数、农业从业者人数之间的动态关系,本节使用 Sim(1980)提出的 Cholesky 分解法进一步来考察。如图 5-7 所示,在当期分别给旅游从业者人数和农业从业者人数一个 Cholesky 标准差的正向冲击,来观察这两个变量分别对冲击有什么反应(纵轴为脉冲响应值,横轴为滞后期数,实线为脉冲响应函数)。

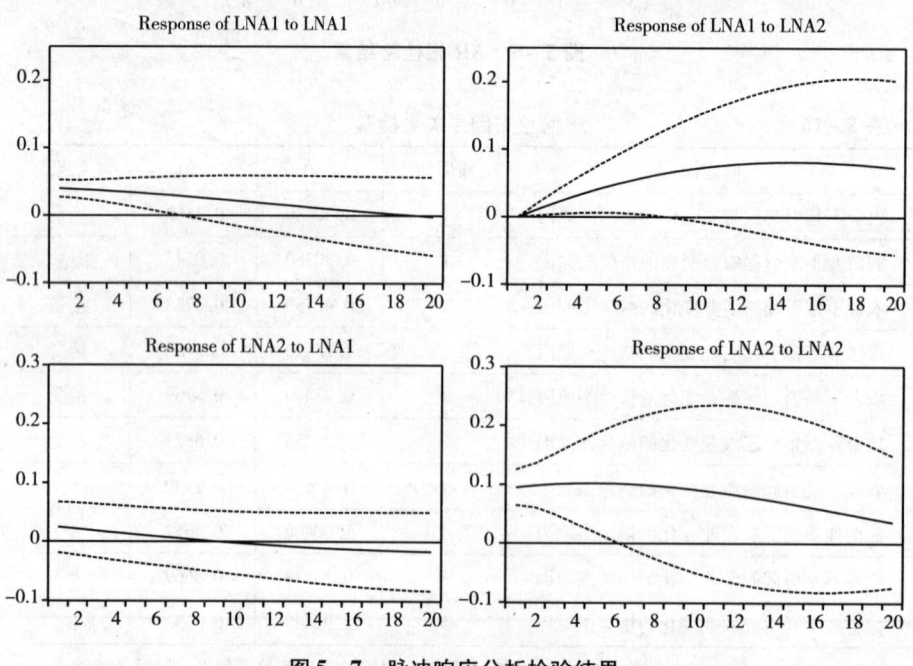

图 5-7 脉冲响应分析检验结果

从旅游业从业者人数对来自农业从业者人数冲击反应来看,当在当期给农业从业人数水平一个正冲击后,旅游从业人数在当期产生了正向响应,响应值在 0.025 左右,之后直到第十期,响应值逐渐减小至零值。由此变化过程可以看出,农业从业者人数的变化对旅游从业者会产生正向影响,但是影响程度并不显著,且影响持续十期之后便趋于零,其原因可能是当地农业的发展对旅游业的带动作用较小,当地旅游业更多依赖于其他产业,因此农业从业人数增加不能吸引人们从事旅游业。

从农业从业者人数对来自旅游业从业者人数冲击反应来看，当在当期给旅游业从业人数水平一个正冲击后，农业从业人数在当期没有立刻发生变化，之后反应值逐渐增大，到第十期反应值在0.06左右，且还有持续增大的趋势。由此变化过程可以看出，旅游从业者人数的变化多农业从业者人数会产生正向影响，且影响存在滞后性，其原因可能是当地农业对旅游业的依赖性更大，旅游从业人数的增加带动农业的发展，且产生的影响效应持续时间较长。从以上两个脉冲响应图也可以看出，湖北省农业从业人数和旅游业从业人数之间的相互影响作用是不对称的，前者变化对后者影响程度并不显著，后者却能对前者产生显著影响。

（6）方差分解。通对时间序列进行方差分解，记录湖北省农业就业人数和旅游业就业人数对各自的贡献程度。

在湖北省农业就业人数方差分解表中，农业就业人数在初期主要受自身影响较多，之后旅游业就业人数贡献度从初期的0迅速上升至64.37%，并趋于平稳，贡献度甚至大于农业对自身的贡献程度35.62%（见表5-17）。由此可以看出，长期情况下，旅游业就业人数变化对农业从业人数带来十分显著的影响，这种现象说明了湖北省旅游业就业人数的增长对当地农业发展起了积极的推动作用，从而促进了农业就业人数的增长。

表5-17　　　　　　　　湖北省农业就业人数方差分解

Period	S. E.	农业就业（%）	旅游业就业（%）
1	0.040731	100.00	0.00
2	0.057910	96.75	3.24
3	0.072532	90.06	9.93
4	0.086763	81.34	18.65
5	0.101338	71.93	28.06
6	0.116485	62.80	37.19
7	0.132199	54.48	45.51
8	0.148369	47.18	52.81
9	0.164836	40.92	59.07
10	0.181427	35.62	64.37

在湖北省旅游业就业人数方差分解表中，湖北省旅游业就业人数自始至

终对自身的贡献程度最大，贡献区间在93.39%~98.12%。农业就业人数对旅游业就业人数贡献程度一直维持在较低水平，甚至随着时间的推移在不断减少，贡献区间在1.87%~6.60%（见表5-18）。由此可以看出，长期情况下，农业就业人数变化对旅游业从业人数的影响十分微弱，说明湖北省农业从业人口的增加为旅游业带来的效益较少，因此旅游从业人数增长缓慢。

表5-18　　　　　　　　湖北省旅游业就业人数方差分解

Period	S.E.	农业就业（%）	旅游业就业（%）
1	0.101190	6.60	93.39
2	0.145364	5.63	94.36
3	0.180349	4.81	95.18
4	0.210389	4.11	95.88
5	0.237014	3.52	96.47
6	0.260948	3.03	96.96
7	0.282586	2.63	97.36
8	0.302166	2.31	97.68
9	0.319848	2.06	97.93
10	0.335749	1.87	98.12

5.5　湖北省旅游业与农业耦合发展水平实证分析

根据前文 VAR 模型结论可知，中国旅游业与农业在发展关系、投资关系、就业关系上存在动态联系。本节基于 VAR 模型之上，运用耦合模型分析湖北省旅游业与农业耦合协调发展关系，研究二者融合状况。

5.5.1　湖北省旅游业与农业耦合发展评价体系构建

湖北省旅游业与农业耦合发展评价体系的构建基于 VAR 模型的基础之上，因此选取的指标和 VAR 模型指标数据基本一致，以此构建评价体系如表5-19所示。

表 5-19　　　　　　　湖北省旅游业与农业耦合发展评价体系

子系统	指标
旅游子系统	旅游总收入
	旅游投资
	旅游就业
农业子系统	农业产值
	农业投资
	农业就业

5.5.2　指标权重的确立

湖北省旅游业与农业系统指标权重采用层次分析法确立，其结果如表 5-20 所示。

表 5-20　　　　　　　湖北省旅游业与农业各指标权重

子系统	指标	权重
旅游子系统	旅游总收入	0.3450
	旅游投资	0.3386
	旅游就业	0.3164
农业子系统	农业产值	0.3664
	农业投资	0.3172
	农业就业	0.3164

5.5.3　数据来源与处理

（1）数据来源。本节所选择的样本数据区间为 1998~2017 年湖北省的年度数据，原始数据均来源于历年湖北省统计年鉴。原始数据见附录。

（2）数据处理。对数据进行无量纲化处理，处理方法同第 4 章一致。如表 5-21 和表 5-22 所示。

表 5 –21　　　　1998 ~ 2017 年旅游子系统指标无量纲化数据

年份	旅游总收入	旅游固定资产投资额	旅游从业人口
1998	0.0100	0.0153	0.0100
1999	0.0156	0.0100	0.0476
2000	0.0222	0.0362	0.0564
2001	0.0355	0.0425	0.0601
2002	0.0456	0.0305	0.0860
2003	0.0335	0.0547	0.0972
2004	0.0460	0.0590	0.1190
2005	0.0578	0.1034	0.1411
2006	0.0703	0.1411	0.1553
2007	0.0892	0.1996	0.1774
2008	0.1085	0.2561	0.2018
2009	0.1571	0.4342	0.2555
2010	0.2423	0.5335	0.3105
2011	0.3418	0.6140	0.4916
2012	0.4608	0.6061	0.6039
2013	0.5685	0.7656	0.7331
2014	0.6706	0.9081	0.8166
2015	0.7746	1.0000	0.8435
2016	0.8812	0.8101	0.9289
2017	1.0000	0.7267	1.0000

表 5 –22　　　　1998 ~ 2017 年农业子系统指标无量纲化数据

年份	农业生产总值	农业固定资产投资	农业从业人口
1998	0.0405	0.0100	0.7531
1999	0.0228	0.0227	0.7531
2000	0.0100	0.0222	0.7820
2001	0.0279	0.0295	0.8131
2002	0.0334	0.0322	0.8420
2003	0.0596	0.0414	0.8621
2004	0.1390	0.0296	0.8865

续表

年份	农业生产总值	农业固定资产投资	农业从业人口
2005	0.1435	0.0457	0.9199
2006	0.1702	0.0613	0.9355
2007	0.2342	0.1053	0.9422
2008	0.3346	0.1916	1.0000
2009	0.3792	0.2869	0.9533
2010	0.5447	0.3622	0.9288
2011	0.6971	0.4127	0.8999
2012	0.7696	0.5018	0.8109
2013	0.8408	0.5705	0.6863
2014	0.8687	0.7906	0.4750
2015	0.8783	1.0000	0.2903
2016	0.9293	0.8861	0.1435
2017	1.0000	0.9096	0.0100

5.5.4 评价结果

运用耦合模型对旅游系统与农业系统进行探究，分析中国旅游业与农业融合发展水平及协调度。运用式（4-5）$F(x) = \sum_{i=1}^{m} a_i x_i'$ 和式（4-6）$G(y) = \sum_{j=1}^{n} b_j y_j'$ 得出 $F(x)$ 和 $G(y)$，接着，运用式（4-8）$C_2 = \frac{\sqrt{F(x) \times G(y)}}{F(x) + G(y)}$、式（4-9）$D = \sqrt{C \times T}$、式（4-10）$T = \alpha F(x) + \beta G(y)$ 得出 C、D、T 的值。设定湖北省旅游业与农业地位同等重要，因此 α 为 1/2，β 为 1/2。

表 5-23　1998~2017 年湖北省旅游业—农业耦合协调度数值及评价

年份	$F(x)$	$G(y)$	C	T	D
1998	0.0118	0.5821	0.1396	0.2969	0.2036
1999	0.0238	0.5757	0.1953	0.2998	0.2419
2000	0.0377	0.5928	0.2372	0.3153	0.2735

续表

年份	$F(x)$	$G(y)$	C	T	D
2001	0.0456	0.6229	0.2522	0.3343	0.2904
2002	0.0533	0.6467	0.2651	0.3500	0.3046
2003	0.0608	0.6715	0.2759	0.3661	0.3179
2004	0.0735	0.7189	0.2901	0.3962	0.3390
2005	0.0996	0.7458	0.3224	0.4227	0.3692
2006	0.1212	0.7675	0.3431	0.4443	0.3905
2007	0.1545	0.7964	0.3689	0.4754	0.4188
2008	0.1880	0.8776	0.3812	0.5328	0.4506
2009	0.2821	0.8597	0.4313	0.5709	0.4962
2010	0.3625	0.9027	0.4521	0.6326	0.5348
2011	0.4814	0.9373	0.4735	0.7093	0.5795
2012	0.5553	0.8977	0.4859	0.7265	0.5941
2013	0.6873	0.8306	0.4978	0.7590	0.6147
2014	0.7972	0.6839	0.4985	0.7405	0.6076
2015	0.8727	0.5505	0.4870	0.7116	0.5887
2016	0.8722	0.4574	0.4750	0.6648	0.5620
2017	0.9075	0.3830	0.4569	0.6452	0.5429

将表 5-23 绘制成图 5-8。

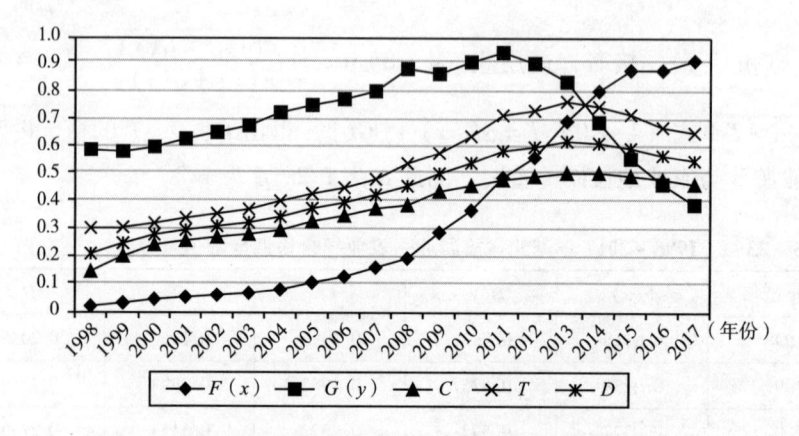

图 5-8　1998~2017 年综合评价值、耦合度及耦合协调度趋势

(1) 综合指数的时序分析。从图 5-8 可以看出，旅游综合评价指数呈现上升趋势、农业综合评价指数呈现先上升后下降趋势，1998~2008 年，旅游综合评价指数的变动幅度较小，呈现低水平缓慢增长特征；2009~2017 年，旅游综合指数呈现快速增长态势，由 0.2821 增长至 0.9075。1998~2011 年，农业综合评价指数呈现平稳增长趋势，由 0.5821 增长至 0.9373；2011~2017 年，农业综合指数呈现下降趋势，由 0.9373 下降至 0.3830。而从数值上来看，1998~2013 年旅游综合指数值小于农业综合指数值；2014-2017 年旅游综合指数值大于农业综合指数值。旅游业与农业的耦合协调性表现为农业发展先高于旅游业的发展，旅游业发展随着时间赶超农业发展。旅游业与农业发展存在一定的不同步性。

(2) 耦合度与耦合协调度的时序分析。关于耦合度与耦合协调度的变化，1998~2017 年湖北旅游业—农业耦合度大体呈上升态势，耦合协调度先上升后下降。从数值上看，耦合度的数值处于 0.2036-0.5429（见表 5-24）。旅游业与农业系统的协调发展程度逐渐向良性方向发展，但总体而言，旅游业与农业发展存在不同步性，旅游业在不断发展的同时，农业发展近年来有下降的趋势，这会影响二者协同发展。

表 5-24   1998~2017 年湖北省旅游业—农业耦合协调类型及特征

年份	D	$F(x)$ 与 $G(y)$	协调等级	协调类型与特征
1998	0.2036	$F(x) < G(y)$	中度失调	农业发展超前型，旅游业滞后于农业
1999	0.2419	$F(x) < G(y)$	中度失调	农业发展超前型，旅游业滞后于农业
2000	0.2734	$F(x) < G(y)$	中度失调	农业发展超前型，旅游业滞后于农业
2001	0.2903	$F(x) < G(y)$	中度失调	农业发展超前型，旅游业滞后于农业
2002	0.3046	$F(x) < G(y)$	轻度失调	农业发展超前型，旅游业滞后于农业
2003	0.3179	$F(x) < G(y)$	轻度失调	农业发展超前型，旅游业滞后于农业
2004	0.3390	$F(x) < G(y)$	轻度失调	农业发展超前型，旅游业滞后于农业
2005	0.3692	$F(x) < G(y)$	轻度失调	农业发展超前型，旅游业滞后于农业
2006	0.3905	$F(x) < G(y)$	轻度失调	农业发展超前型，旅游业滞后于农业
2007	0.4188	$F(x) < G(y)$	濒临失调	农业发展超前型，旅游业滞后于农业
2008	0.4506	$F(x) < G(y)$	濒临失调	农业发展超前型，旅游业滞后于农业
2009	0.4962	$F(x) < G(y)$	濒临失调	农业发展超前型，旅游业滞后于农业
2010	0.5348	$F(x) < G(y)$	勉强协调	农业发展超前型，旅游业滞后于农业

续表

年份	D	$F(x)$与$G(y)$	协调等级	协调类型与特征
2011	0.5796	$F(x)<G(y)$	勉强协调	农业发展超前型,旅游业滞后于农业
2012	0.5941	$F(x)<G(y)$	勉强协调	农业发展超前型,旅游业滞后于农业
2013	0.6146	$F(x)<G(y)$	初级协调	农业发展超前型,旅游业滞后于农业
2014	0.6076	$F(x)>G(y)$	初级协调	旅游业发展超前型,农业滞后于旅游业
2015	0.5887	$F(x)>G(y)$	勉强协调	旅游业发展超前型,农业滞后于旅游业
2016	0.5620	$F(x)>G(y)$	勉强协调	旅游业发展超前型,农业滞后于旅游业
2017	0.5429	$F(x)>G(y)$	勉强协调	旅游业发展超前型,农业滞后于旅游业

从耦合协调类型来看,1998～2017年,湖北省旅游业—农业系统的耦合协调类型逐渐从中度失调发展到初级协调,从初级协调恶化至勉强协调。可见,旅游业与农业的协调性在不断增强,二者各自发展态势及耦合发展趋于良性发展。但是由于近年农业资源大量消耗、农业从业人员减少,农业规模不断缩小,尽管旅游业在各项相关政策的扶持下其发展水平取得良好成绩,但旅游业与农业耦合协调类型又由初级协调变成勉强协调。总体上,旅游业与农业已逐步向有序共同协调方向发展,但二者在耦合过程中仍然存在耦合协调水平不高的问题。旅游业和农业在各自发展水平取得一定成绩的基础上,两者的相互作用与协调性在不断增强,有利于进一步促进旅游业与农业的发展,创新旅游业与农业耦合模式,从而促进整个区域经济社会的长久发展。

从协调发展的特征来看,旅游业—农业这个大系统不断地趋于协调,但是,农业在早期较长一段时间比旅游业发展快,旅游业滞后于农业的发展,这会影响二者的相互作用和协调发展。随着时间推移,旅游业蓬勃发展起来,两者的协调水平不断增强。后期,旅游业追赶并超过农业发展,农业发展呈现下降的态势,二者的耦合协调水平呈现下降趋势由此可见,当旅游业与农业各自发展水平维持在同等较高水平时,旅游业与农业耦合协调度最高,耦合协调类型最佳。

总的来说,可以看到湖北省"旅游业—农业系统"的耦合协调状况存在明显的年度差异,但从时间发展的纵向看,这个大系统不断趋于耦合协调。通过分析具体数据,发现两个产业子系统的耦合协调程度还处于中等水平,旅游业虽然发展水平不断上升,但仍存在发展模式粗犷、发展效率不高等问题;农业近年来资源大量消耗,生态环境遭到破坏。因此需要加强旅游业与农业的产业融合升级，以农业基础资源为依托，旅游业提供服务性功能，促进两者的可持续发展。

5.6 本章小结

本章以湖北省为例，首先对其旅游业和农业耦合发展取得的进展进行阐述，同时分析湖北省农业旅游发展存在的有利因素和不利因素，在此基础上，基于1998~2017年湖北省时间序列数据，运用VAR模型，从经济发展、投资、就业三个方面，对湖北省旅游业与农业耦合动态关系进行实证分析，并构建两者耦合模型评价体系，得到如下结论：

（1）湖北省旅游业和农业经济发展、投资、就业之间具备持续影响效应。通过实证分析，湖北省的旅游业农业的发展、投资、就业之间存在持续影响效应。脉冲响应分析和方差分解的结果表明在当期赋予变量的冲击可以持续在之后十年里体现它的影响作用。

（2）农业发展存在滞后效应，旅游业发展前期对农业产生负效应。通过实证分析的结果可以看出，湖北省农业发展对旅游业发展影响存在滞后效应，由于农业生产存在一定的周期性，农业产出的增加无法在第一时间内对旅游业的产出产生影响，但是一旦产生影响，其持续时间较长。从旅游业总收入对当地农业产值影响可以看出，旅游业产值的增加在前期会对农业产值产生负面影响，由于旅游业前期的发展与农业生产相冲突，虽然之后旅游业产值影响会变为正向，但从总体情况来看，旅游业产值增加对农业的推动作用十分有限，湖北省旅游业发展方式应该进行改善。

（3）农业投资对旅游业影响程度大于旅游业投资对农业的影响。实证结果表明，虽然旅游业与农业投资影响持续时间较长，但湖北省农业投资和旅游业投资之间相互影响程度差距较大，其原因可能是湖北省农业固定资产对旅游业渗透作用明显，而旅游业固定资产的渗透作用不明显。因此，想要达到两者协调发展的目的，湖北省旅游业除了要加大前期宣传力度，后期的各项基础设施建设也亟待完善，这就需要有大量的资金投入。将当地旅游业与农业互动开发，把当前湖北省旅游产业的生态、历史、红色等特色与当地观光农业、绿色农业、生态农家和绿色农产品等结合起来开发，形成经济效益，实现湖北省旅游业与农业投资两者平衡发展。

(4) 旅游业和农业就业之间相互影响关系不对称。通过实证分析的结果可以看出，湖北省旅游业就业对农业就业的影响持续时间长，效果显著，但是农业就业对旅游业就业的影响持续时间短，效果也不明显。由此可以看出，湖北省农业从业人数增长开始较为依赖当地旅游业，但是影响旅游业从业人数增长影响因素较多，对农业依赖程度不高。为了提高两者发展的协调性，湖北省应该重视农业旅游资源的开发，完善农业从业人员的劳动内容，从纯粹的耕种、畜牧等农事活动转变为兼具农事活动和服务活动的农业旅游活动，掌握游客心理，提供优质服务，才能获得较高的经济效益。

(5) 湖北省旅游业与农业耦合水平从失调向协调方向发展。关于耦合度与耦合协调度的变化，1998~2017年，湖北旅游业—农业耦合度大体呈上升态势，耦合协调度先上升后下降。从耦合协调类型来看，1998~2017年，湖北省旅游业—农业系统的耦合协调类型逐渐从中度失调发展到初级协调，从初级协调恶化至勉强协调。从协调发展的特征来看，旅游业—农业这个大系统不断地趋于协调，但是，农业在早期较长一段时间比旅游业发展快，旅游业滞后于农业的发展，随后旅游业发展追赶上并超过农业发展，农业发展开始滞后，两者发展的不一致性会影响旅游业—农业系统协调性。无论是从耦合度、耦合协调度还是耦合协调的类型和特征来看，湖北省旅游业与农业耦合不断趋于协调一致，但整体仍然处于中低水平，两者的协调性有待进一步加强。

第6章 促进旅游业与农业耦合进一步发展的思路及对策

6.1 促进旅游业与农业耦合进一步发展的总体思路

6.1.1 旅游业与农业耦合的主要目标

2018年农业农村部在《中共中央、国务院关于实施乡村振兴战略的意见》中，首次明确休闲农业和乡村旅游升级行动目标：到2020年，休闲农业和乡村旅游业的规模将进一步扩大，营业收入持续增长，力争跨过万亿元大关。对于中国尚在成长期的农业旅游而言，这是符合实际的目标。此目标集中反映了对旅游业与农业耦合的规模、发展形式以及承担的作用三个方面的要求。产业规模扩大，营业收入增长主要体现对耦合规模的要求，业态多样化、经营主体多元化则体现了对耦合发展特征的要求，支持农业现代化、带动收入增长、促进建设则更进一步对耦合作用提出了要求。

结合以上认识，旅游业与农业耦合发展的目标从广度上来看，全国休闲农业和乡村旅游产业覆盖面积创新高，相应的营业收入突破万亿元大关，旅游参与人数和相关从业人数达到一定规模。从发展特征上看，应建立起发挥多功能作用、业态多样化的休闲产业，实现产业集聚化作用，带动地区协同发展。在旅游业与农业耦合的目标作用上，其应当承担起提高农民收入，带动贫困人口脱贫，支撑农业现代化的作用，进一步促进中国美丽乡村建设进程。

6.1.2 旅游业与农业耦合的主要路径

旅游业与农业耦合发展要以生态环境为纽带，三者在发展过程中相辅相成,共同构成一个复杂的系统。其复杂性体现在三要素的耦合过程中,需要实现结构、层次、空间、时间多方面的协调统一,这要求产业相关联的各方力量的共同努力。而三者之中,生态环境是基础,环境质量水平直接影响人类生活条件,决定着地区资源存量水平。旅游业必须依靠生态环境的资源来发展。而在农业方面,农民可以从自然环境中获取资源用于农业发展,可获得的资源越多,农业发展的可利用资源就越多,农业发展也就越快。但是,旅游和农业在发展的过程中也会对生态环境造成一定的破坏,如乡村旅游者在旅游过程中不注重环境保护,对环境造成的破坏;农民在农业生产过程中产生的各种废料,以及滥用营养肥料等行为均会对环境造成破坏。而生态环境的破坏反过来又会制约旅游业和农业的发展。旅游业对生态环境的负面影响将会使一些风景区丧失吸引力,从而导致景区衰落。同时,环境的破坏也会增加农业生产的成本,例如治理和改善环境会消耗一定的资金,这会导致农业发展相对缓慢。

一方面,农业的发展可以增加农民收入,提高人类保护环境的能力,从而达到促进环境保护的效果。另一方面,可以为乡村旅游的发展提供资金保障,增强旅游景区的可达性和吸引力。因此,政府在引导旅游业和农业耦合发展的过程中,应在改善生态环境的同时注重经济结构的优化,既要充分调动市场主体参与到旅游业与农业融合发展中的积极性,又要充分发挥政府的生态建设职能,加强对农业旅游管理人员及从业人员的环保教育培训,从而更好地实现农业旅游的可持续发展。

6.1.3 旅游业与农业耦合的动力效应

随着城市化人口数量的增加,人们的收入逐步提高,闲暇时间也随之增多,同时,城市竞争压力不断加大间接刺激了农业旅游的繁荣。农业旅游若单纯依靠传统的景区旅游、单一农家游和传统节庆文化游,难以满足城市居民日益多样化的期望和需求。目前,城市旅游者农业旅游的需求主要表现为感受农村的特殊地理环境和自然乡村氛围。这要求乡村旅游适应形势,开拓思路和视野,积极结合农业,实现发展的突破。与此同时,由于农业长期处于封闭状态、没有得到足够重视,且缺乏特色价值的探索,极大地制约了农业效益的提高与现代化进程。如果能抓住新的机遇——连接传统农业和乡村旅游业,乡村地区的发展将焕发新的活力。从理论上讲,乡村休闲旅游业与农业这两个独立的体系是可以通过交互作用产生耦合效应的。这种耦合的状态表现为一个耦合系统。耦合系统较之子系统组件更为复杂，但结构更为合理，它不仅增强了系统的整体功能，而且扩大了系统的整体效益。

从产业互动的角度来看，旅游业与农业的耦合可以产生优化第一产业资源和提升第一产业价值的效果。因此，在旅游业与农业耦合发展的情况下，乡村旅游业与资源普遍异质的农业交互作用。农业旅游与城市旅游者的旅游消费偏好相契合。它能够起到扩宽旅游的空间范围，丰富旅游的理论内涵的作用，是对农村资源合理利用，实现高附加值产出的美好意愿的实现途经。具体来讲，将合适的农业用地改造、转换为用以农业休闲和体验、感受的旅游创意园区，这样就可以解决传统农业人力资源与土地资源不适配的问题，提升资源利用效率。同时，在特定的情景下，旅游者与乡村旅游建设者交互作用，打造出独特的旅游目的地形象，品牌效应将使得土地价值成倍增长。

从要素凝聚视角出发，可以发现旅游业与农业耦合对于乡村旅游业扩展、激发以及农村其他重要服务业发展有着积极的正向激励、促动作用。一方面，耦合状态下的乡村旅游产业能够因地制宜，发挥效用，创造价值。以目的地本身的地理环境和独特的乡村文化为基础，打破先前局限于旅游点的格局，沿水平链拓展、打造出类型多样的个性化旅游产品，从而解决以往乡村旅游同质化严重的问题，增强吸引力，消费者的旅游意愿也会随之增强，旅游的时长及深度都会有所提升。另一方面，这种耦合为乡村居民财富增加提供了更多的机会，原本工作岗位、机遇、资金有限，只有部分农村家庭的部分成员可以参与，如今可以期望家庭全体成员的共同参与。而因旅游收益的报酬远高于农村居民先前的平均收益，并且在一段时间内会持续增长，这就会吸引更多与先加入的居民有熟悉的同一或临近社区的居民参与到其中，形成良性循环，由此赋予乡村旅游可持续发展的能力。

此外，这种耦合在促进休闲体验类农业旅游品牌的发展的同时，为了提高游客的满意度，势必会提升农产品质量、可观赏性、以此带动农业技术的进步。地理观赏农业的耦合发展带来的乡村旅游收入激励也有助于改善农村交通情况，并且这种耦合将直接刺激全新的旅游产品及旅游环境的产生，新的客源市场也同时出现、被发掘；促进各种形式、各种类型的丰富的乡村文化产业的聚集、发展。客源市场、旅游项目及游客消费时长的增加，势必会给当地的物流、运输等行业提出更高的要求。与此同时，耦合下乡村旅游业的持续发展需要与之相适应的信息行业。所以，耦合产生的多要素凝聚力将有力促进农村第三产业发展，通过异质性渗透将旅游业和农业结合起来，不仅可以开拓出乡村旅游业及大农业品牌发展方向，同时会加强乡村旅游业产业聚集效应，促进社区居民的协同参与，凝聚各方力量，带动农业科技、信息服务、文化与创意产业以及物流行业的共同发展。

就中国社会发展现状而言，广大农村地区第一产业效率不高，产品价值难以提升。农民增收方式有限，影响收入的外部风险较多，导致城乡居民收入鸿沟不断扩宽。就中西部地区与西部沿海城市对比而言，两个地区的农村居民收入差距显著。中国经济发展、收入失衡等诸多矛盾也主要集中在非城市区域。然而，中国丰富的旅游资源、第一产业资源却主要集中在广袤的乡村。因此，无可避免地，中国乡村旅游业和具有普遍异质性的大农业处在经济与发展矛盾聚集的焦点，当然也是解决问题的关键，这两个领域潜藏着农村经济发展的动力。由前文所述旅游业与农业耦合的理论分析可知，旅游业与农业耦合可以推动第一产业发展，进而产生牵动效应和对第三产业发展的推动效应。

6.2 促进旅游业与农业耦合进一步发展的对策

6.2.1 完善农业旅游发展政策环境

（1）出台农业旅游项目建设指导政策。中国农业旅游发展历程较短，市场还处于发展初期，不尽完善，完全依靠市场机制自发进行农业旅游的发展和后续规范，不符合市场实际的行为。因此，政府应进一步实现政策引导的驱动作用，同时在农业旅游发展过程中，还应进行宏观发展方向的规划，从而促进农业旅游的协调发展。

在政府众多行为规范形式中，法律化是最具权威和最有效的形式。建立和健全农业旅游相关法律法规，需要涉及农、林、牧、渔、旅游等诸多方面。除了这些相关法律法规外，还应该建立健全农业旅游的专项法律。国家和地方政府需要建立农业旅游发展相应的法律和制度，并出台系列公共政策，以推动农业旅游的发展，完善农业旅游产权集中化发展，包括金融、财政、可持续等方面的相应支持政策的实施，加快行业内各生产要素的自由流动，促进农业旅游经营环境的改善。政府对农业项目方面的支持和服务效率的提高，将有效维护市场经济的充分性，使处于弱势地位的农业旅游在有序的市场竞争环境中获得较快发展。通过相关政策，引导企业因地制宜开展农业旅游经营。在发展较好的地区建立各业态示范园区，为相关企业发展提供信息咨询等服务，帮助农业旅游企业做出正确的投资决策。同时，国家和地方政府应重视农业旅游集群的发展，推动相关优惠政策出台，促进地区旅游业与农业的良性耦合发展。

（2）建立农业旅游标准化管理制度。大数据时代下，旅游业和农业作为关联性较强的两个产业，其融合发展应在"大耦合"战略思维的指导下，借力大数据，实现共赢发展。政府可以通过互联网、物联网及大数据计算等先进技术的运用，有效构建旅游业和农业的数据共享平台，通过数据处理与计算，系统分析农业旅游的未来发展趋势，以市场需求为导向，开发创造个性化产品及服务，打造优质农业旅游品牌，健全产业质量监督检查系统，建立切实可行的农业旅游标准化管理机制。

在树立品牌方面，政府部门可以充分利用技术、人才及信息优势，对农业旅游企业进行综合评估，在对企业有充分了解的基础上，开展品牌树立指导和品牌认证计划，积极引导农业旅游企业规范化发展。具体而言，可由农业部协同相关部门，共同建立一套完整的农业旅游评价认证体系，辅以相应的评价和认证管理办法，加强行业规范约束和标准化管理。在认证的同时，政府部门可以给予评价等级较高的企业一些品牌宣传、技术扶持等方面的帮扶措施，帮助企业维护产品形象，提高产品质量，形成品牌效应。

在产品质量监管方面，可以在政府的统一规划和政策指导下，以农业旅游园区产业发展为核心，建立和完善农业旅游园区相关农副土特产品以及旅游纪念品质量的安全监测体系，划拨公共检测经费，成立产品检验检测中心，实现监督管理和检测业务的有机统一。积极开展产区环境检查、农产品检测工作，监督产品和产地安全有效实施。此外，企业还可以创新信息技术和数据平台的使用，为消费者提供农副产品展示以及产品溯源等综合信息服务，实现从"农场到餐桌"的无缝对接检测，提升消费者的用户体验。

6.2.2 加强经济基础设施建设

（1）加大固定资产投资。固定资产投资作为经济发展的初始环节，是旅游业和农业各自发展的重要基础，也是旅游业和农业相互耦合的过程中的物质保障。随着乡村振兴战略的深入推广实施,各级政府不断加大对农业农村的投资力度,刺激社会各类资本加快向农村地区涌入。对于农业而言,加大农村地区固定资产投资,有助于农业生产综合能力的提升,尤其是在增强农业基础设施等方面,可以提高农业机械化水平,增强农业抗灾能力,改善农村居住条件以及推进农村劳动力转移、加快农村小城镇建设步伐。此外,对于农村旅游业而言,固定资产投资的加大,也会产生地区旅游吸引力提升、旅游接待能力增强等众多积极效应。

从第 5 章湖北省旅游业和农业固定资产投资动态关系实证分析中可以得知,旅游业固定资产投资对农业固定资产投资的影响不显著,旅游业固定资产的渗透作用不明显。因此,想要达到两者协调发展的目的,一方面,将当地旅游与农业产业互动开发,把当前旅游产业的生态、民族、养生等特色与当地观光农业、绿色农业、生态农家和绿色农产品等结合起来开发,形成经济效益,实现旅游和农业固定资产投资两者平衡发展。另一方面,政府要切实提高固定资产投资投入资金的使用效率,科学合理规划资金使用情况,加大资金使用过程中的监管力度,充分发挥固定资产投资对旅游业及农业的积极推动作用。同时,在旅游业和农业的耦合过程中,相较于传统农业所面临的利润低、融资难等发展困境,农业旅游作为农村地区产业新业态的代表之一,社会期望高、投资前景好,在推进社会资本务农方面作用明显。所以,通过加大对农村地区固定资产投资,将有效提升农村地区基础设施建造水平,提高农村地区旅游发展的游客吸引力及游客满意度,进一步拉动地区农业旅游的发展,形成良性经济循环,从而更好地推动旅游业与农业的产业融合发展。

(2) 拓宽行业投融资渠道。早期农业旅游所需的资金量相对较大,但与其他旅游项目相比,效果较慢,投资回报较长。但受制于经济社会发展实际状况,存在投资途径单一、融资规模小、社会对农业旅游项目认可度低等问题。要缓解农业旅游融资难的问题,宏观上要依循社会主义市场经济体制建设的指导,建立农村地区公平公正的市场环境。微观层面可以采用多种手段或方法,扩大农业旅游投资渠道,积极将农业旅游投资计划纳入旅游与农业耦合发展规划,升级和转变投资机制,创立创新农业旅游投融资体制,实现农业旅游投资渠道多元化。同时,政府还应积极营造良好市场氛围,从而鼓励私营资本、民营资本以及社会资本等多种资本形式的不断进入,使政府、农民、社会有机结合,建立稳定的资金、政策保障机制,从而促进农业旅游的发展。

扩大投资渠道不仅可以解决中国生态农业旅游发展中遇到的财政和技术问题，还可以将更多有效资金投入到生态规划、技术培训及新技术开发和推广中，从而提高农民加入生态农业的积极性。同时，建立严格的奖励和惩罚制度，为生态农业的建立和实施提供政策法规保护，进而更好地为生态农业的发展服务。开辟农业旅游投资渠道，鼓励国内外企业资金和个人资本应用于农业旅游，形成多元化投资机制，充分利用和发挥社会财富创造的各种来源。因势利导，勇于创新，灵活建立多元化经营机制，为农业旅游创造繁荣景象和活力。此外，政府应引导金融机构，立足于发展资源和产品特色的优势，积极支持绿色生态育种，农业旅游等特色产业的发展。健全完善地区信贷政策，并对特困地区、革命老区、边疆地区给予一定倾斜。

6.2.3 加大乡村地区文化资源保护力度

旅游业的早期发展中主要依赖地区自然景观和人文遗产。由于各种历史原因，自封建社会以来中国农业一直停滞在资源集中型产业阶段，过分依赖于地区有限资源，且资源的分布不均、过度损耗也大大限制了农业的集约化发展与可持续化发展。农业旅游开发初期缺乏可持续发展战略目光，在资源使用方面规划性不强，对旅游资源和地区环境造成了较大破坏。此外，开发所依托的文化资源大多具有脆弱性，地方政府片面追求经济效益、忽视文化资源保护与整合的行为后患无穷。在保护地域文化的前提下，怎样突破资源困境，降低资源开发成本，提高旅游产业的发展效益就显得极为重要。产业融合为中国实现旅游业与农业一体化的创新发展提供了良好思路，其重要表现之一就是农业旅游。旅游业和农业的耦合发展可以创新乡村地区文化资源利用方式，扩大资源使用范围。

在保护地域文化资源的同时进一步促进旅游资源整合，发展文化体验类农业旅游，推进乡村旅游经济发展。例如休闲旅游方面，可以联动丝绸之路东、中、西三段地区旅游业发展，将西安、兰州、宝鸡、陇县、六盘山等丝绸之路沿线丰富的历史文化及地域文化资源进行整合，推进区域特色观光旅游业发展，从而带动区域农业旅游的发展。同时，农业旅游的可持续发展需要统筹协调对农业旅游涉及国有经济各部门、不同产业、不同区域之间的经济关系，促进社会经济协调稳定发展。在实现农业旅游发展的同时，注重乡村文化原真性保护，推动文化资源保护工作贯彻落实。

6.2.4 改善相关从业人员就业环境

随着现代科学技术的发展，农业生产力和生产效率大大提高，普通农业收入增长难以维持不断上升的生活成本。与此同时，工业制造业的发展需求直接导致众多农业从业人员涌向城镇，农业生产从事人口不断减少。表面上看，随着现代农业技术的引进和渗透，农业生产总值将得到大幅提高，但由于现代社会经济结构的多样化，农业在现代经济社会中所占的比重仍会不断下降，直接导致农业相关从业人员的社会地位的下降。此趋势促使大量农业从业人员转向第二、第三产业。但作为一个国家，乃至整个社会赖以生存的根本命脉，农业的发展和农业在三大产业中的重要性不容忽略，其从业人员的地位也不可忽视。农业从业人员在发展农业旅游中的作用同样十分重要。一方面，发展农业旅游的过程可以改造农村的生活环境。另一方面，它将为农村地区提供第二、第三产业大量的就业岗位，解决农村人口外出务工难问题、农村空心化问题，以及空巢老人和留守儿童问题，帮助贫困人口脱贫，真正实现经济独立，从而得到经济地位及社会地位的相应提升。

从第五章湖北省旅游业和农业就业人员动态关系实证分析中可以得知，旅游业和农业就业人员之间的相互影响关系呈现不对称性，主要表现为相比于旅游业，农业从业人员的影响效应持续时间短，效果不显著。由此可以看出在旅游业农业融合发展背景下，农业从业人员由于相关能力的缺乏，对两者的协调发展产生的推动作用十分有限，因此改善当前农业从业人员的就业环境、提升其旅游业和农业知识素养十分重要。一方面，完善农业从业人员的劳动内容，从纯粹的耕种、畜牧等农事活动转变为兼具农事活动和服务活动的农业旅游活动，掌握游客的心理，提供优质的服务，促进旅游业与农业之间的融合与创新，有助于提高公众对农业及旅游业融合的重视程度，吸引更多人力、物力和资本参与，为经济发展注入新的活力。另一方面，政府应出台相关政策，积极引导旅游业与农业的良性耦合，推出更多实质性的补贴、减税等优惠政策，鼓励更多人参与农业旅游的发展，为相关从业人员提供良好的就业环境。

6.2.5 促进资源环境保护与整合

(1) 加强环境污染治理。旅游服务生产者是旅游地生态环境污染物的主要制造者,他们往往只顾着追求最大利益,而忽略经营过程中可能造成的环境危害。从理论和实证分析的角度来看,单纯依靠征收污染物排放费的简单经济惩罚方式不能有效地实现二者的协调发展,相比之下,根据科学的旅游规划限制其行为并以法律强制其执行更具有社会效果。目前,各级环保部门要积极联系有关部门,积极筹备环境保护条例及生态保护规划,努力完善国家旅游发展的总体规划。包括风景名胜区、自然保护区以及国家森林公园等地区在内的旅游开发规划若要想得到有效实施,对旅游资源不合理开发和生态环境破坏等行为的法律法规亟须建立。但由于这些法律法规及制度在国家层面的建立涉及面较广、难度较大,难以在短时间内颁布,所以各旅游生态重点保护地区和开发不合理问题突出的地区,应由地方政府牵头,制定出台相关地方性法律法规和措施,对这些行为进行有效的防范和规划。

实证分析表明,政府公共支出与旅游业生态环境保护之间存在显著的正相关,即生态环境保护投资越多,环境保护效果越显著。且生态环境外部性较大,完全划分不同经济主体之间责任界限的可能性微乎其微,这要求政府主动承担公共服务职能,增加环境保护的公共支出,积极参与旅游区环境保护工作。但是实践过程中,政府用于环境保护的资金缺乏必要的监管,资金投入量与环保成效不成正比。所以有关管理部门在合理规划环境保护的基础上,需多方联合,提高资金使用透明度,制定科学合理的资金使用规范,提高资金投入产出比,以实现预期的环境保护目标。

由于旅游资源的环境保护涉及众多方面和领域,各部门之间的沟通、协调与合作已成了极其重要的组成部分。各级部门应积极主动为企业、农民和其他农业旅游从业者做好本职服务工作。在各自职责范围内,实现资源有效组合,创新资源环保利用方式,共同推进旅游环保目标的实现。同时,加大对景区环境保护的监管也是不可或缺的一部分,各地要在地方政府部门的领导下,主动开展联合执法检查活动,制定科学的环境影响评价制度,确保环境保护相关法律、法规以及制度高效的实施,加强对旅游目的地环境的治理,规范旅游开发建设项目的环境管理工作,保障旅游目的地生态建设管理工作的确切落实。

（2）加强宣传教育。政府部门要高度认识生态农业发展的重要意义，把发展生态农业作为促进农业可持续发展和造福国民的公益事业。为加强基层宣传，可以深入农民家庭，宣传关于大力发展农业旅游的重要性及保护环境在生态农业建设中的紧迫性，同时大力推广国家关于建设美丽乡村及社会主义新农村建设相关的最新重大决策。积极宣传农业旅游发展过程中脱贫致富的典型，充分调动广大农民参与农业旅游探索创新的积极性，提高农民发展农业旅游的意识。形成广大农村基层领导重视、农民热情参与的氛围，加快旅游业与农业产业融合发展的有效实施和推广。

现代营销观念在农业旅游市场的开拓发展过程中同样具有借鉴意义。例如，可以采用建立农业旅游的专业化营销组织和营销渠道，构建新型营销网络，同时结合多种营销方式和营销手段打造宣传推广新方法。例如，可以采取品牌打造、区域合作、目标市场专向推广等营销策略，扩大地区农业旅游的品牌知名度，达到提升景区景点的吸引力的目的，从而延长游客的停留时间，刺激游客消费需求，进而增加旅游收入，成功打造农业旅游的特色品牌和核心市场。

加强宣传教育，还应注重公民的环境保护意识与自身素质的教育。通常情况下，地区的旅游环境质量水平的提高与地区广大公民的环境保护意识的提升关系密切，这意味着提高公民的生态意识必定会带来环境质量的相应提高。因此，有必要加强对广大群众关于农村环境资源保护意识的宣传教育工作，提高广大公民对农村生态保护的重视度。此外，各级环保部门也要积极行动，积极开展相关培训，努力提高农业旅游相关工作人员的生态保护素质。

6.2.6 构建技术人才培养机制

目前，中国农业发展面临着科技人才不足，产业结构不合理，创新激励机制不健全等众多问题，旅游业与农业耦合发展对于复合型跨界人才的需求面临巨大缺口。在中国农业旅游领域，首先要注重考虑培养专业化的农业旅游专家队伍，加快现有农业旅游业管理体制及人才培养体制的改革进程，提高对高等院校相关学科和相关科研机构的支持。同时加强农业旅游科技创新体系建设，鼓励高校开设跨学科、跨专业课程，打破学科专业界限，培养一批优质高效的复合型领先人才及团队。同时，在全国范围内重点扶持一定数量的农业旅游规划设计机构及科技创新机构，鼓励高等院校和科研机构组建农业旅游科技创新队伍,奖励科研成果投入生产,为农业旅游的可持续发展提供科技创新支持。与此同时,随着农业旅游的不断普及,对基层技术人员的需求也在增加。因此,要鼓励高等院校开设旅游业与农业结合发展的相关专业,培养大批满足基层农业旅游发展需要的技术人才,可以直接服务于基层农业旅游经营实体,从而促进农业旅游的全面提升。其次,相关企业也应与时俱进,建立跨企业、跨行业的人才交流培养机构,通过交叉培训等方式开拓员工视野,提升企业跨界思维,为企业未来发展注入新的动力。此外,积极推进农民培训,培养新型职业农民,发展农业教育也十分必要。大数据时代下,国家应当把握"农村信息化"的契机,构建具有实用性和开放性的全国农业学习资源及交流平台,满足农民自我提升需求,为农业从业人员整体职业技能及科学文化素质的提高创造途径。通过创新人才培养方式,拓宽人才培养渠道,营造良好的人才成长环境,将有力推进农业与第二、第三产业的有机结合,从而实现农业旅游的进一步发展。

附 录

表1　1995~2017年旅游子系统规模指标及结构指标数值

年份	旅游子系统										
	规模指标					结构指标					
	国内旅游总收入（亿元）	国内旅游人数（亿人次）	旅游总收入占GDP比重（%）	就业人数占总就业人数比重（%）	国内旅游人均花费（元）	观光游览占比（%）	旅游运输占比（%）	旅游餐饮占比（%）	旅游住宿占比（%）	旅游购物占比（%）	旅游娱乐占比（%）
1995	1375.70	6.30	3.20	0.10	218.7	5.6	24.4	14.2	17.8	18.6	5.2
1996	1638.38	6.40	3.23	0.11	256.2	5.4	24.8	13.8	16.3	19.8	5.5
1997	2112.70	6.44	3.67	0.11	328.1	5.5	25.1	13.2	15.2	20.2	5.8
1998	2391.18	6.95	3.80	0.10	345.0	4.3	25.3	12.3	13.8	20.6	6.4
1999	2831.92	7.19	4.17	0.09	394.0	5.3	29.6	10.8	14.4	19.7	6.0
2000	3175.54	7.44	4.25	0.09	426.6	4.6	30.1	9.4	13.6	19.9	7.3
2001	3522.36	7.84	4.25	0.11	449.5	4.5	28.1	8.6	12.6	21.1	7.7
2002	3878.36	8.80	4.31	0.13	441.8	7.0	25.8	8.1	12.6	20.7	7.5
2003	3442.27	8.70	3.35	0.15	395.7	7.0	25.5	8.2	12.4	20.8	7.5
2004	4710.71	11.02	3.98	0.35	427.5	5.1	26.0	7.5	12.1	22.5	7.1
2005	5285.86	12.12	3.87	0.38	436.1	4.2	28.3	9.4	12.9	21.8	5.8
2006	6229.74	13.94	3.88	0.41	446.9	2.9	21.7	10.3	14.4	33.0	3.7
2007	7770.62	16.10	3.91	0.44	482.6	4.3	26.6	8.9	14.2	25.0	5.0
2008	8749.30	17.12	3.59	0.52	511.0	5.4	30.6	9.5	11.9	20.9	7.3
2009	10183.69	19.02	3.68	0.51	535.4	5.2	29.6	9.1	11.2	23.1	7.3
2010	12579.77	21.03	3.79	0.57	598.2	4.6	28.6	9.0	11.3	25.3	6.9
2011	19305.39	26.41	4.61	0.58	731.0	5.2	31.2	7.4	10.5	24.5	7.2
2012	22706.22	29.60	4.82	0.59	767.9	5.1	34.5	7.5	10.4	22.3	7.2

续表

年份	旅游子系统										
	规模指标						结构指标				
	国内旅游总收入（亿元）	国内旅游人数（亿人次）	旅游总收入占GDP比重（%）	就业人数占总就业人数比重（%）	国内旅游人均花费（元）	观光游览占比（%）	旅游运输占比（%）	旅游餐饮占比（%）	旅游住宿占比（%）	旅游购物占比（%）	旅游娱乐占比（%）
2013	26276.12	32.62	5.00	0.59	805.5	6.0	33.8	8.0	11.6	21.6	7.0
2014	30311.86	36.11	5.80	0.56	839.7	5.7	34.4	8.5	12.2	19.9	6.5
2015	34195.10	40.00	6.07	0.79	857.0	3.9	39.5	7.3	11.7	18.4	4.7
2016	39400.00	44.40	5.69	0.79	888.2	5.6	37.2	8.0	9.7	17.5	5.6
2017	45700.00	50.01	6.52	0.75	913.0	5.3	36.4	8.4	9.9	18.6	6.0

表2　1995~2017年旅游子系统成长指标及效率指标数值

年份	旅游子系统					
	成长指标			效率指标		
	旅游总收入增长率（%）	旅游就业增长率（%）	旅游景区收入增长率（%）	旅游业劳动生产率（元/人）	旅游业增加值率（%）	旅游业固定资产投资效果系数
1995	15.36	7.32	10.24	29343.66	15.14	42.22
1996	18.54	9.15	12.73	33894.19	16.03	41.36
1997	25.13	-4.9	19.3	64358.21	22.45	29.42
1998	10.51	-5.16	8.79	39839.77	11.65	18.38
1999	16.37	-5.44	12.29	66677.76	15.56	18.89
2000	12.92	0.61	8.09	51672.18	10.82	32.6
2001	10.53	17.14	7.28	44521.18	9.85	30.49
2002	11.43	25.55	6.73	36400.82	9.18	26.87
2003	(12.29)	15.85	-7.49	38489.85	12.67	36.62
2004	40.11	131.33	24.57	48395.27	26.93	42.89
2005	12.37	9.65	8.14	20012.18	10.88	30.98
2006	16.25	8.28	11.91	30330.33	15.15	28.64
2007	22.63	9.83	16.49	45081.33	19.83	32.58
2008	5.87	17.03	8.39	24467	11.19	24.62
2009	11.21	0.17	10.93	35797.11	14.09	10.23
2010	21.71	7.59	15.68	55580.61	19.05	18

续表

年份	旅游子系统					
	成长指标			效率指标		
	旅游总收入增长率（%）	旅游就业增长率（%）	旅游景区收入增长率（%）	旅游业劳动生产率（元/人）	旅游业增加值率（%）	旅游业固定资产投资效果系数
2011	43.31	2.88	35.64	151648.7	34.84	18.09
2012	15.11	2.48	11.75	74825.74	14.98	8.89
2013	13.90	0.37	10.48	78252.96	13.59	8.26
2014	26.44	-5.22	10.24	93333.49	13.31	10.85
2015	10.72	0.67	13.89	52205.79	72.68	2.98
2016	13.56	0.536	18.68	58924.55	70.29412	2.54
2017	15.14	0.427	25.63	67584.48	68.907	2.48

表3　　1995~2017年农业子系统规模指标及结构指标数值

年份	农业子系统						
	规模指标			结构指标			
	农林牧渔业总产值（亿元）	农林牧渔业总产值占GDP比重（%）	就业人数占总就业人数比重（%）	传统农业总产值占比（%）	林业总产值占比（%）	畜牧业总产值占比（%）	渔业总产值占比（%）
1995	20340.9	33.16	52.20	58.43	3.49	29.72	8.36
1996	22353.7	31.13	50.50	60.56	3.48	26.93	9.04
1997	23788.4	29.84	49.90	58.29	3.44	28.66	9.61
1998	24541.9	28.81	49.80	58.09	3.47	28.55	9.88
1999	24519.1	27.07	50.10	57.53	3.61	28.54	10.31
2000	24915.8	24.85	50.00	55.68	3.76	29.67	10.89
2001	26179.6	23.61	50.00	55.24	3.59	30.42	10.75
2002	27390.8	22.50	50.00	54.51	3.77	30.87	10.85
2003	29691.8	21.60	49.10	50.08	4.18	32.13	10.57
2004	36239.0	22.39	46.90	50.05	3.66	33.59	9.95
2005	39450.9	21.06	44.80	49.72	3.61	33.74	10.18
2006	40810.8	18.59	42.60	52.74	3.95	29.61	9.73
2007	48893.0	18.09	40.80	50.43	3.81	32.98	9.12
2008	58002.2	18.15	39.60	48.35	3.71	35.49	8.97
2009	60361.0	17.29	38.10	50.99	3.63	32.25	9.32

续表

年份	农业子系统						
	规模指标			结构指标			
	农林牧渔业总产值（亿元）	农林牧渔业总产值占GDP比重（%）	就业人数占总就业人数比重（%）	传统农业总产值占比（%）	林业总产值占比（%）	畜牧业总产值占比（%）	渔业总产值占比（%）
2010	69319.8	16.78	36.70	53.29	3.74	30.04	9.26
2011	81303.9	16.61	34.80	51.64	3.84	31.70	9.31
2012	89453.0	16.55	33.60	52.48	3.85	30.40	9.73
2013	96995.3	16.29	31.40	53.09	4.02	29.32	9.93
2014	102226.1	15.87	29.50	53.58	4.16	28.33	10.11
2015	107056.4	15.53	28.30	53.2	4.27	28.11	10.14
2016	112091.3	15.07	27.69	52.27	4.35	28.60	10.23
2017	114653.1	13.86	26.97	53.1	4.55	26.85	10.58

表4　　1995～2017年农业子系统成长指标及效率指标数值

年份	农业子系统					
	成长指标			效率指标		
	农林牧渔业总产值增长率（%）	农业就业增长率（%）	农业固定资产投资增长率（%）	农业劳动生产率（元/人）	农业增加值率（%）	农业固定资产投资效果系数
1995	9.144718	-3.00	44.30	1454.85	65.14	30.46
1996	9.895334	-2.00	42.84	1791.91	64.89	28.91
1997	6.4181769	0.06	40.66	1778.92	63.43	24.67
1998	3.1675102	0.97	46.46	1833.56	63.44	24.09
1999	-0.092902	1.68	32.67	1798.72	63.21	17.64
2000	1.6179224	0.77	20.71	1745.05	62.73	26.42
2001	5.0724841	0.99	20.41	1860.18	63.13	24.02
2002	4.6263033	0.66	35.25	1936.76	63.51	18.17
2003	8.4006309	-1.19	18.11	1999.36	65.60	9.37
2004	22.050499	-3.80	14.43	2427.49	65.21	12.72
2005	8.8631057	-3.99	22.90	2630.94	65.05	10.78
2006	3.4471319	-4.49	18.34	2813.46	59.28	11.41
2007	19.21289	-3.79	23.77	3603.72	64.84	14.54
2008	18.02401	-2.63	48.80	4176.46	64.72	9.52

续表

年份	农业子系统					
	成长指标			效率指标		
	农林牧渔业总产值增长率（%）	农业就业增长率（%）	农业固定资产投资增长率（%）	农业劳动生产率（元/人）	农业增加值率（%）	农业固定资产投资效果系数
2009	3.2924498	-3.45	36.14	4675.43	64.57	3.90
2010	14.24991	-3.32	14.91	5718.41	64.11	7.65
2011	16.341999	-4.79	10.54	6676.25	64.41	8.17
2012	9.5198598	-3.09	25.56	7629.94	64.37	4.17
2013	7.9121843	-6.22	22.57	8534.26	64.30	3.70
2014	4.9894015	-5.71	33.79	9458.63	64.09	4.08
2015	4.1616291	-3.822	45.6621505	8908.00	64.74	2.99
2016	4.5000016	-1.93	30.3624254	9482.50	64.95	2.65
2017	2.679399	-2.568	15.6433513	10098.80	64.88	2.45

表5　　　　湖北省旅游子系统相关指标原始数值

年份	旅游子系统		
	旅游总收入（亿元）	旅游固定资产投资额（餐饮业和住宿业：亿元）	湖北省旅游从业人口（万人）
1998	217.24	3.63	11.12
1999	247.11	1.74	14.23
2000	282.26	11.05	14.96
2001	353.66	13.28	15.27
2002	407.48	9.04	17.41
2003	342.77	17.61	18.34
2004	410	19.14	20.15
2005	473.15	34.92	21.98
2006	539.74	48.33	23.15
2007	640.87	69.12	24.98
2008	744.19	89.17	27
2009	1004.48	152.48	31.45
2010	1460.53	187.75	36
2011	1992.89	216.35	51
2012	2629.54	213.56	60.3

续表

年份	旅游子系统		
	旅游总收入（亿元）	旅游固定资产投资额（餐饮业和住宿业：亿元）	湖北省旅游从业人口（万人）
2013	3205.61	270.24	71
2014	3752.11	320.85	77.91
2015	4308.76	353.51	80.14
2016	4879.24	286.04	87.21
2017	5514.9	256.41	93.1

表6　　　　　　　　**湖北省农业子系统相关指标原始数值**

年份	农业子系统		
	农业生产总值（亿元）	湖北省农业固定资产投资（十亿元）	湖北省农业从业人口（百万人）
1998	688.06	5.9	16.12
1999	645.98	7.1	16.12
2000	615.74	7.06	16.25
2001	658.26	7.748	16.39
2002	671.2	8.008	16.52
2003	733.36	8.88	16.61
2004	921.59	7.755	16.72
2005	932.15	9.288	16.87
2006	995.46	10.764	16.94
2007	1147.31	14.94	16.97
2008	1385.21	23.125	17.23
2009	1490.91	32.159	17.02
2010	1883.22	39.3	16.91
2011	2244.55	44.091	16.78
2012	2416.35	52.545	16.38
2013	2585.15	59.061	15.82
2014	2651.16	79.935	14.87
2015	2674.07	99.794	14.04
2016	2794.79	88.994	13.38
2017	2962.49	91.224	12.78

参 考 文 献

[1] 薄文广. 外部性与产业增长——来自中国省级面板数据的研究 [J]. 中国工业经济, 2007 (1): 37-44.

[2] 保继刚, 孟凯, 章倩滢. 旅游引导的乡村城市化——以阳朔历村为例 [J]. 地理研究, 2015, 34 (8): 1422-1434.

[3] 鲍洪杰, 王生鹏. 文化产业与旅游产业的耦合分析 [J]. 工业技术经济, 2010, 29 (8): 74.

[4] 鲍捷. 旅游业与生态环境耦合协调发展研究——以安徽省黄山市为例 [J]. 安徽大学学报 (哲学社会科学版), 2013 (2): 150-156.

[5] 暴向平, 张利平, 庞燕等. 乌兰察布市文化产业与旅游产业耦合协调度分析 [J]. 西北师范大学学报 (自然科学版), 2019, 55 (1): 115-120.

[6] 蔡昉. "中等收入陷阱"的理论、经验与针对性 [J]. 经济学动态, 2011 (12): 4-9.

[7] 曹宁. 基于区位熵方法的旅游集群产业集聚度评价: 以沈阳市为例 [J]. 辽宁大学学报 (哲学社会科学版), 2013, 41 (5): 84-88.

[8] 仇保兴. 小企业集群研究 [M]. 上海: 复旦大学出版社, 1999.

[9] 邓远建, 肖锐, 严立冬. 绿色农业产地环境的生态补偿政策绩效评价 [J]. 中国人口·资源与环境, 2015, 25 (1): 120-126.

[10] 董皓. 大都市边缘区旅游产业链动态演化研究——以西安临潼区为例 [J]. 经济地理, 2013, 33 (9): 188-192.

[11] 杜泽文. 现代农业与生产性服务业耦合发展路径 [J]. 江苏农业科学, 2019, 47 (1): 309-312.

[12] 方大春, 马为彪. 中国区域创新与产业结构耦合协调度及其经济效应研究 [J/OL]. 当代经济管理: 1-14 [2019-03-30]

[13] 方首军, 黄泽颖, 孙良媛. 农业保险与农业信贷互动关系的理论

分析与实证研究: 1985~2009 [J]. 农村金融研究, 2012 (7): 60-65.

[14] 方向明, 李姣媛. 精准农业: 发展效益、国际经验与中国实践 [J]. 农业经济问题, 2018 (11): 28-37.

[15] 冯·贝塔朗菲, 一般系统论——基础、发展和应用 [M]. 北京: 清华大学出版社, 1987: 51

[16] 符莲, 熊康宁, 高洋. 喀斯特地区旅游产业与生态环境耦合协调关系定量研究——以贵州省为例 [J]. 生态经济, 2019, 35 (1): 126-128.

[17] 盖玉妍. 基于顾客价值的旅游产业价值链整合研究 [J]. 黑龙江社会科学, 2008 (3): 73-76.

[18] 甘信华, 周旅梅. 江苏省物流业与经济发展耦合协调性的时空演变特征 [J]. 商业经济研究, 2016 (7): 7374.

[19] 高楠, 马耀峰, 李天顺. 等基于耦合模型的旅游产业与城市化协调发展研究——以西安市为例 [J]. 旅游学刊, 2013, 28 (1): 62.

[20] 高万林, 李桢, 于丽娜等. 加快农业信息化建设促进农业现代化发展 [J]. 农业现代化研究, 2010, 31 (3): 257-261.

[21] 韩春鲜, 马耀峰. 旅游业、旅游业产品及旅游产品的概念阐释 [J]. 旅游学刊, 2008, 1 (1): 6-8.

[22] 何成军. 休闲农业与美丽乡村耦合协调度评价研究 [D]. 成都理工大学, 2017.

[23] 侯立军, 顾立人. 基于产业链的企业角色定位 [J]. 现代管理科学, 2008 (12): 74-75.

[24] 胡北明, 雷蓉. 政府强权干预与遗产旅游地"公地悲剧"现象的治理——以世界遗产地九寨沟治理经验为例 [J]. 四川师范大学学报 (社会科学版), 2014 (4).

[25] 胡强盛, 贺小荣, 郭红. 长沙市旅游生态环境耦合协调发展研究 [J]. 湖南师范大学自然科学学报, 2018, 41 (4): 10-13.

[26] 黄安定. 基于产业耦合的中国乡村隐性旅游资源开发模式研究 [J]. 农业经济, 2017 (11): 50-51.

[27] 黄金川, 方创琳. 城市化与生态环境交互耦合机制与规律性分析 [J]. 地理研究, 2003, 22 (2): 212-220.

[28] 蒋国俊, 蒋明新. 产业链理论及其稳定机制研究 [J]. 重庆大学

学报（社会科学版），2004，10（1）：36－38.

［29］李翠林，刘荍雯. 新疆文化创意产业与旅游业耦合度测量分析［J］. 新疆财经，2019（01）：63－71.

［30］李大勇，赵明. 基于"点—轴"理论的蒙东区域开发路径选择［J］. 干旱区资源与环境，2014，28（10）：20－25.

［31］李天元. 旅游学［M］. 北京：高等教育出版社，2014：122－131.

［32］李维维，陈田，马晓龙. 中国旅游化与城市化耦合协调关系的省际格局及形成机制分析［J］. 旅游科学，2018，32（5）：14－17.

［33］李晓丽. 基于熵权法的河南省旅游业与农业耦合协调发展度评价［J］. 农村经济与科技，2018，29（17）：195－199

［34］李心芹，李仕明，兰永. 产业链结构类型研究［J］. 电子科技大学学报（社会科学版），2004，6（4）：60－63.

［35］李新春. 专业镇与企业创新网络［J］. 广东社会科学，2000（6）：29－33.

［36］李正欢，郑向敏. 国外旅游研究领域利益相关者的研究综述［J］. 旅游学刊，2006，21（10）：85－91.

［37］梁威，刘满凤. 中国战略性新兴产业与传统产业耦合协调发展及时空分异［J］. 经济地理，2017，37（4）：117－126.

［38］刘安乐，明庆忠，杨承玥等. 旅游产业与城镇发展协调度及其空间格局研究［J］. 云南师范大学学报（自然科学版），2015，35（3）：56－61.

［39］刘玲. 旅游环境承载力研究方法初探［J］. 安徽师大学报（自然科学版），1998（3）：48－52.

［40］刘圣欢，杨砚池. 现代旅游业与农业协同发展机制研究——以大理市银桥镇为例［J］. 华中师范大学学报（人文社会科学版），2015，54（3）：44－52.

［41］刘晓冰，保继刚. 旅游开发的环境影响研究进展［J］. 地理研究，1996，15（4）：92－100.

［42］刘晓梅，余宏军，李强等. 有机农业发展概述［J］. 应用生态学报，2016，27（4）：1303－1313.

［43］李平，王维薇，张俊飚. 市场专业化、经济规模化与生态旅游业发展绩效关系实证研究——基于省际森林公园的面板数据［J］. 林业经济，

2016, 38 (10): 38-44.

[44] 卢杰, 闫利娜. 乡村文化旅游综合体与新型城镇化耦合度评价模型构建——以江西省为例 [J]. 旅游经济, 2017 (7): 118-121.

[45] 吕志强, 庞容, 代富强. 近10年来中国旅游产业与旅游环境协调度的时空演化分析 [J]. 资源开发与市场, 2015 (5): 634-637.

[46] 孟凯, 李佳宾, 陈险峰等. 乡村旅游地发展过程中"公地悲剧"的演化与治理 [J]. 旅游学刊, 2018, v. 33; No. 264 (8): 23-32.

[47] 潘文卿, 刘庆. 中国制造业产业集聚与地区经济增长——基于中国工业企业数据的研究 [J]. 清华大学学报(哲学社会科学版), 2012 (1): 137-147.

[48] 庞娇, 魏来. 特色旅游业与农业耦合协调发展的动力机制与路径——以中国18个产茶省份为例 [J]. 世界农业, 2018 (11): 246-253.

[49] 庞笑笑, 王荣成, 王文刚. 欠发达地区旅游发展与城镇化耦合研究——以吉林省抚松县为例 [J]. 地理与地理信息科学, 2014, 30 (3): 130.

[50] 裴红波, 陈祺, 方大凤. 传统农耕文化与现代农业耦合发展研究——以杨凌农业高新技术产业示范区和武功古镇为例 [J]. 现代农业科技, 2016 (8): 287-290.

[51] 彭蝶飞, 崔海波, 张翔. 南岳衡山生态旅游环境容量的测算与调控 [J]. 湖南社会科学, 2008 (4): 122-125.

[52] 任鹏, 袁军晓, 方永恒. 产业集群竞争力评价综合模型研究 [J]. 科技管理研究, 2012, 32 (23): 184-187+192.

[53] 申葆嘉, 占佳. 中国旅游发展笔谈——旅游产业的范围与地位 [J]. 旅游学刊, 2007, 22 (11): 5-9.

[54] 沈玉芳, 张超. 加入WTO后中国地区产业调控机制和模式的转型研究——兼论区域产业群落理论和地域生产综合体理论的替代关系 [J]. 世界地理研究, 2002, 11 (1): 15-23.

[55] 生延超, 钟志平. 旅游产业与区域经济的耦合协调度研究——以湖南省为例 [J]. 旅游学刊, 2009, 24 (8): 23-27.

[56] 宋慧晶. 旅游利益相关者道德建设研究 [D]. 山西财经大学, 2011.

[57] 宋珂, 樊正球, 信欣等. 长治湿地公园生态旅游环境容量研究

[J]. 复旦学报：自然科学版, 2011 (5): 576 - 582.

[58] 宋子千, 郑向敏. 旅游业产业地位衡量指标的若干理论思考 [J]. 旅游学刊, 2001, 16 (4): 27 - 28.

[59] 苏子龙, 袁国华, 郝庆等. 广西近岸海域生态环境承载力与滨海旅游经济耦合发展研究 [J]. 广西社会科学, 2018 (4): 37 - 40.

[60] 孙金梅, 林建. 生态旅游环境承载力评价研究 [J]. 科技与管理, 2012, 14 (6).

[61] 锁利铭, 马捷, 李丹. "核心—边缘"视角下区域合作治理的逻辑 [J]. 贵州社会科学, 2014 (1): 52 - 57.

[62] 谭小莉, 宋成舜, 翟文侠, 等. 新型旅游城市旅游产业与生态环境耦合关系研究——以咸宁市为例 [J]. 湖北农业科学, 2015 (20): 5193 - 5197.

[63] 唐业喜, 陈艳红, 龙明璐等. 张家界大鲵产业与旅游产业耦合协调度实证分析 [J]. 资源开发与市场, 2018, 34 (12): 1766 - 1770.

[64] 土井厚. 旅游概论 [M]. 天津: 天津人民出版社, 1983.

[65] 王慧娟, 兰宗敏, 杜锐等. 基于"动态钻石模型"的中国县域产业集群绩效空间差异研究——以通用设备制造业为例 [J]. 经济与管理, 2018, 32 (5): 45 - 52.

[66] 王缉慈. 创新的空间：企业集群与区域发展 [M]. 北京: 北京大学出版社, 2001.

[67] 王进, 周坤. 基于利益相关者理论的旅游地生命周期研究——以九寨沟为例 [J]. 首都经济贸易大学学报, 2014 (5): 109 - 113.

[68] 王艳君, 谭静, 雷俊忠. 农业与其服务业间产业融合度实证研究——以四川省为例 [J]. 农村经济, 2016 (12): 82 - 87.

[69] 王燕, 刘邦凡, 李博. 循环经济的梯度推进战略与区域发展模式——评《循环经济与区域发展的理论与实证》[J]. 宏观经济管理, 2017 (2): 2.

[70] 王毅, 丁正山, 余茂军等. 基于耦合模型的现代服务业与城市化协调关系量化分析——以江苏省常熟市为例 [J]. 地理研究, 2015, 34 (1): 97 - 108.

[71] 魏斌, 林丽波. 农村欠发达地区隐性旅游资源形成及耦合业态分析 [J]. 中国农业资源与区划, 2017, 38 (5): 206 - 211.

[72] 魏细玲, 郭清霞, 王艳. 现代生态旅游业与农业的耦合发展研究 [J]. 湖北农业科学, 2016, 55 (5): 1347-1351.

[73] 翁钢民, 李凌雁. 中国旅游与文化产业融合发展的耦合协调度及空间相关分析 [J]. 经济地理, 2016, 36 (1): 178-182.

[74] 吴必虎. 旅游系统: 对旅游活动与旅游科学的一种解释 [J]. 旅游学刊, 1998 (1): 21-25.

[75] 吴海涛, 王娟, 丁士军. 贫困山区少数民族农户生计模式动态演变——以滇西南为例 [J]. 中南民族大学学报 (人文社会科学版), 2015, 35 (1): 120-124.

[76] 吴英玲, 尹鹏, 周丽君. 中国省域旅游产业与人居环境耦合关系及其障碍因子研究 [J]. 生态经济, 2019, 35 (2): 157-158.

[77] 肖良武, 黄臻, 罗玲玲. 省域经济增长极选择及培育路径研究 [J]. 经济问题, 2017 (5): 117-122.

[78] 徐红罡. 资源型旅游地增长极限的理论模型 [J]. 中国人口资源与环境, 2006, 16 (5).

[79] 徐丽敏, 郑国清, 段韶芬等. 试论农业信息化与农业现代化 [J]. 农业经济, 2002 (10): 15-17.

[80] 许映雪, 高敏华, 白长江等. 乌鲁木齐市新型城镇化与旅游产业耦合协调发展研究 [J]. 西北师范大学学报, 2019, 55 (1): 109-112.

[81] 严立冬, 陈胜. 农户投资结构非农化程度的影响因素分析: 基于面板动态自选择百分数因变量模型 [J]. 暨南学报 (哲学社会科学版), 2016, 38 (1): 113-121.

[82] 严立冬, 马期茂. "三化"发展与中国经济增长的实证研究 [J]. 统计与决策, 2012 (9): 131-134.

[83] 阎友兵. 旅游地生命周期理论辨析 [J]. 旅游学刊, 2001, 16 (6).

[84] 杨凤, 徐飞. 产业经济学 [M]. 北京: 清华大学出版社, 2017: 1-2.

[85] 杨红, 董耀武, 尹新哲. 欠发达地区产业结构调整的新路径: 生态农业生态旅游业耦合产业发展模式 [J]. 云南财经大学学报, 2013, 29 (1): 149-152.

[86] 杨红, 蒲勇健. 不发达地区可持续发展的新路径——生态农业、

生态旅游业耦合产业研究 [J]. 管理世界, 2009 (4): 169-170.

[87] 杨红, 尹新哲. 生态农业——生态旅游业耦合产业混合经济产出的最优化设计及评估 [J]. 湖南科技大学学报 (社会科学版), 2011, 14 (2): 64-67.

[88] 杨红. 生态农业与生态旅游业耦合系统产权管理博弈机制分析 [J]. 管理世界, 2010 (6): 177-178.

[89] 杨建国. 低水平均衡陷阱与社会权利缺失——西部"三农"问题的总特征与本质 [J]. 甘肃社会科学, 2006 (5): 132-135+131.

[90] 杨锦英, 郑欢, 方行明. 中国东西部发展差异的理论分析与经验验证 [J]. 经济学动态, 2012 (8): 63-69.

[91] 杨立勋, 陈晶, 周之奇. 西北五省区旅游业均衡发展分析 [J]. 商业研究, 2012 (12): 149-153.

[92] 杨森林. "旅游产品生命周期论"质疑 [J]. 旅游学刊, 1996 (1): 45-47.

[93] 杨勇. 旅游业与中国经济增长关系的实证分析 [J]. 旅游科学, 2006, 20 (2): 40-46.

[94] 杨友宝, 王荣成, 曹洪华. 东北老工业城市旅游业与城市化耦合演变关系研究 [J]. 人文地理, 2016, (1): 141-145.

[95] 叶庆亮. 中国热带农业科学院科技信息研究所国际合作研究室副研究员中国热带农业"走出去"如何破解人才瓶颈 [N]. 中国科学报, 2019-03-19 (005).

[96] 尹燕, 周应恒. 基于时间可达性的农业旅游布局空间演化特征及形成机理——以江苏省为例 [J]. 资源科学, 2012, 34 (12): 2409-2417.

[97] 余东华. 产业集群: 发展模式、竞争优势与结构优化机制 [J]. 甘肃社会科学, 2007 (3): 99-102.

[98] 余书炜. "旅游地生命周期理论"综论——兼与杨森林商榷 [J]. 旅游学刊, 1997 (1).

[99] 郁义鸿. 产业链类型与产业链效率基准 [J]. 中国工业经济, 2005 (11): 25-30.

[100] 袁中许. 乡村旅游业与大农业耦合的动力效应及发展趋向 [J]. 旅游学刊, 2013, 28 (5): 80-88.

[101] 张百菊. 吉林省旅游业与休闲农业耦合关系研究 [J]. 中国农业

资源与区划，2018，39（10）：236-240.

[102] 张广瑞. 旅游真是产业吗？[J]. 旅游学刊，1996（1）：68-70.

[103] 张红军，郑谦，李学兰. 安徽省旅游业与农业融合发展对策研究[J]. 江西科技师范大学学报，2018（4）：42-49.

[104] 张红宇，张涛，孙秀艳等. 农业大县如何发展农业生产性服务业——四川省的调研与思考[J]. 农业经济问题，2015，36（12）：11-16.

[105] 张继海，李发毅. 经济特区作为经济发展战略与模式研究[J]. 深圳大学学报（人文社会科学版），2012，29（5）：50-54.

[106] 张建清，白洁，王磊. 产城融合对国家高新区创新绩效的影响——来自长江经济带的实证研究[J]. 宏观经济研究，2017（5）：108-117.

[107] 张健翎. 西部地区乡村旅游与生态农业建设耦合发展刍议——以贵州省凯里市为例[J]. 农业经济，2018（10）：35-36.

[108] 张锦华. 教育不平等、收入非平衡与贫困陷阱——对农村教育和农民收入的考察[J]. 经济经纬，2007（6）：107-110.

[109] 张俊飚，赵博唯. 供给侧改革背景下绿色食品产业转型升级的思考[J]. 中南民族大学学报（人文社会科学版），2017，37（4）：131-134.

[110] 张立生. 旅游地生命周期理论研究进展[J]. 地理与地理信息科学，2015，31（4）：111-115.

[111] 张俐俐，曲波，杨莹. 酒店业竞争力提升的新途径：集群发展[J]. 旅游学刊，2006，21（4）：55-59.

[112] 张俐俐. 旅游经济学原理与实务[M]. 北京：清华大学出版社，2009：208-212.

[113] 张林. 区域制造业与物流业联动发展的分析研究——基于供需耦合系统[J]. 技术经济与管理研究，2016（7）：120-124.

[114] 张凌云. 试论有关旅游产业在地区经济发展中地位和产业政策的几个问题[J]. 旅游学刊，2000（1）：11-12.

[115] 张琰飞，朱海英. 西南地区文化产业与旅游产业耦合协调度实证研究[J]. 地域研究与开发，2013，32（2）：16.

[116] 张英，陈俊合，熊焰. 旅游业与农业耦合关系研究及实证——以湖南张家界市为例. 中南民族大学学报（人文社会科学版），2015，35（6）：109-113.

[117] 张勇. 新常态下西部地区经济转型与环境承载力耦合关系 [J]. 社会科学家, 2016 (6): 61-65.

[118] 张媛媛, 袁奋强, 刘东皇等. 区域科技创新与科技金融的协同发展研究——基于系统耦合理论的分析 [J]. 技术经济与管理研究, 2017 (6): 71-76.

[119] 张志强, 徐中民, 程国栋. 生态足迹的概念及计算模型 [J]. 生态经济, 2000 (10): 8-10.

[120] 张自强, 伍国勇, 徐平. 民族地区农户贫困的逻辑再塑: 贫困恶性循环的视角 [J]. 贵州民族研究, 2017, 38 (1): 69-72.

[121] 赵桂玲, 周稳海. 基于面板数据农业保险需求的影响因素 [J]. 江苏农业科学, 2014, 42 (6): 409-411.

[122] 赵金丽, 张落成. 基于"核心—边缘"理论的泛长三角制造业产业转移 [J]. 中国科学院大学学报, 2015, 32 (3): 317-324.

[123] 赵磊, 方成, 毛聪玲. 旅游业与贫困减缓——来自中国的经验证据 [J]. 旅游学刊, 2018, 33 (5): 15-16.

[124] 赵磊, 夏鑫, 全华. 基于旅游产业链延伸视角的县域旅游地演化研究 [J]. 经济地理, 2011, 31 (5): 874-880.

[125] 赵磊, 张晨. 旅游业与贫困减缓: 基于国外经济学文献的述评 [J]. 旅游科学, 2018, 33 (4): 33-35.

[126] 赵英霞, 陈佳馨. 现代服务业与现代农业耦合发展路径研究 [J]. 经济问题, 2018 (5): 75-81.

[127] 郑风田, 程郁. 创业家与中国农村产业集群的形成与演进机理——基于云南斗南花卉个案的实证分析 [J]. 中国软科学, 2006 (1): 100-107.

[128] 郑石, 林国华. 福建休闲农业、乡村旅游和新农村建设耦合协调性研究 [J]. 福建农业学报, 2017, 32 (3): 324-331.

[129] 周斌. 农业产业融合的现状、问题及优化路径 [J]. 技术经济与管理研究, 2019 (1): 115-119.

[130] 周密, 王家庭. 雄安新区建设中国第三增长极研究 [J]. 南开学报 (哲学社会科学版), 2018 (2): 19-28.

[131] 周双红. 中国农村金融发展系统动力学模型构建与实证分析 [D]. 中南大学, 2011.

[132] 周雪敏, 董乃斌. FDI 与西部地区经济增长内生性研究——兼论循环累积因果效应 [J]. 财经问题研究, 2015 (6): 13-18.

[133] 周艳丽. 生态经济视角下海南热带旅游业与农业耦合发展研究 [J]. 农业经济, 2016 (12): 21-23.

[134] 朱付彪, 陆林. 珠江三角洲都市圈旅游空间均衡发展 [J]. 自然资源学报, 2010, 25 (9): 1565-1576.

[135] 朱鹏颐. 农业生态经济发展模式与战术探讨 [J]. 中国软科学, 2015 (1): 14-19.

[136] 邹昭晞. 论企业资源与能力分析的三个纵向链条——价值链、供应链与产业链 [J]. 首都经济贸易大学学报, 2006, 8 (5): 34-40.

[137] Adriana Budeanu, Graham Miller, Gianna Moscardo, et al. Sustainable tourism, progress, challenges and opportunities: an introduction [J]. Journal of Cleaner Production, 2016, 11: 287-288.

[138] Ahuja G. Collaboration Networks, Structural Holes, and Innovation: A Longitudinal Study. Administrative Science Quarterly, 2000, (03): 425-456.

[139] Anisimov V I. Tourism and Environmental Degradation in Sochi, Russia [J]. Annals of Tourism Research, 1996, 23 (3): 656-657.

[140] Antonio Leone and Renzo Marini. Assessment and Mitigation of the Effects of Land Use in a Lake Basin (Lake Vico in Central Italy) [J]. Journal of Environmental Management, 1993, 39 (9): 39-50.

[141] Arches National Park: an application of computer simulation modeling [J]. Journal of Environmental Management, 2003, 68 (3): 305-313.

[142] Bain J. S. Industrial Organization [M]. New York: John wiley, 1959.

[143] Barge-Gil A, Modrego A. The Impact of Research and Technology Organizations on Firm Competitiveness. Measurement and Determinants [J]. Journal of Technology Transfer, 2011, 36 (1): 61~83.

[144] Becker D, Hecker C. Student engagement through applied learning: the live business partnership model [J]. Journal of Computing Sciences in Colleges, 2011, 26 (5): 275-282.

[145] Boris E. Bravo-Ureta. Research, Extension, and Information: Key Inputs in Agricultural Productivity Growth [J]. The Pakistan Development Review, 2002 (1): 443-473.

[146] Busby G, Rendle S. The transition from tourism on farms to farm tourism [J]. Tourism Management, 2000, 21 (6): 635 – 642

[147] BUTLE R. Tourism, environment, and sustainable development [J]. Environ Conser, 1991, 18 (3): 201 – 209.

[148] Butler R W. The concept of a tourist area cycle of evolution: Implications for management of res ources [J]. Canadian Geogra – pher, 1980, 24 (1): 5 – 12.

[149] Chang T C, Smon M. Urban Heritage Tourism: the Global Local Nexus [J]. Annals of Tourism Research, 1996, 23 (2): 284 – 305.

[150] Charlie M. Shackleton, Sheona E. Shackleton, Erik Buiten, et al. The importance of dry woodlands and forests in rural livelihoods and poverty alleviation in South Africa [J]. Forest Policy and Economics, 2006, 9 (5).

[151] Christaller W. Some considerations of tourism location in Europe: The peripheral regions-under-developed countries-recreation areas [J]. Regional Science Association. Regional Science Association. Meeting, 1964, 12 (1): 95 – 105.

[152] Christian M. Rogerson. Tourism – agriculture linkages in rural South Africa: evidence from the accommodation sector [J]. Journal of Sustainable Tourism, 2012, 20 (3)

[153] Cyprus [J]. Tourism Management, 2000, 21 (2): 147 – 156.

[154] Durbarry R. Tourism and economic development: case studies from the Indian Ocean region [J]. Tourism Management, 2004, 26: 636 – 639.

[155] Ellison G. Glaeser E L. The Geographic Concentration of Industry: Does Natural Advantage Explain Agglomeration [J]. American Economic Review, 1999, 89 (2): 311 – 316.

[156] Flsher. D G. The potential for rural heritage tourism in the Clarence Valley of northern New South Wales [J]. Australian geographer, 2006, 37 (3): 411 – 424.

[157] Frank Ellis. Household strategies and rural livelihood diversification [J]. Journal of Development Studies, 1998, 35 (1).

[158] Gal Y, Gal A, Hadas E. Coupling tourism development and agricultural processes in a dynamic environme [J]. Current Issues In Tourism, 2010, 13 (3): 279 – 295.

[159] Gheorghe Ploaie. The impact of tourism and conservation on agriculture in the mountains of Valcea county, Romania [J]. GeoJournal, 1996, 38 (2).

[160] Gheorghe Pribeanu. Economic revival of the rural area through tourism [J]. Studia Universitatis Vasile Goldis Arad, Seria Stiinte Economice, 2012, 22 (1).

[161] Gordon I R, Mccann P. Industrial Clusters: Complexes, Agglomeration and/or Social Networks [J]. Social Science Electronic Publishing, 2014, 37 (3): 513 –532.

[162] Guohua Liu, Zhanfeng Liu, Huifeng Hu, et al. The impact of tourism on agriculture in Lugu Lake region [J]. International Journal of Sustainable Development & World Ecology, 2008, 15 (1)

[163] Hannigan J A. tourism urbanization [J]. current sociology, 1995, 43 (1): 193.

[164] Hardin Garrett. The Tragedy of the Commons [D]. Science, 1968, (162): 1243 –1248.

[165] Healy R G. The 'common pool' problem in tourism landscapes [J]. Annals of Tourism Research, 1994, 21 (3): 596 –611.

[166] HOHNHOLZ J H. Agritourism—a New Sector of Rural Integrated Development: Malaysia and Germany as Case Studies [J]. Appl. Gergr. & Develop, 1994, 44: 40 –58.

[167] Holzner M. Tourism and economic development: The beach disease? [J]. Tourism Management, 2011, 32 (4): 922 –925.

[168] Honari Habib. A comparison of the viewpoints of tourists, interested managersand cultural heritage organization managers regarding sport tourism-driven joband income creation in Mazandaran-Iran [J]. Innovation and creativity inedu-cation, 2010, VL2

[169] Hughes G. The cultural construction of sustainable tourism [J]. Tourism Management, 1995, 16 (1): 49 –59.

[170] Hunter C. Sustainable Tourism and the Touristic Ecological Footprint [J]. Environment, Development and Sustainability, 2002, 4 (1): 7 –20.

[171] Hwang J, Han H. Examining strategies for maximizing and utilizing brand prestige in the luxury cruise industry [J]. Tourism management, 2014

(3): 244 - 259.

[172] Jha D. Indigenous Technology and Agricultural Research System [J]. Agricultural Economics Research Review, 2008, 21 (1): 23 - 24.

[173] Judd R. Promoting tourism in US cities [J]. Tourism Management, 1995, 16 (3): 175.

[174] Kaswanto. Land Suitability for Agrotourism Through Agriculture, Tourism, Beautification and Amenity (ATBA) Method [J]. Procedia Environmental Sciences, 2015, 24.

[175] Kenneth A. Reinert. Rural Conform Development: A Trade Theoretic View [J]. Journal of International Trade and Economic Development, 1998 (4): 1 - 17.

[176] Knežević Marko, Knežević Danilo. Geographic conditions for distribution of agriculture and potentials for tourism development on Mokra mountain [J]. Glasnik Srpskog Geografskog Društva, 2009, 89 (1).

[177] Kumar N, Shah V, Walker V. K. Perturbation of an arctic soil microbial community by metal-nanoparticl [J]. Journal of Hazardous Materials, 2011, 190 (1 -3): 816 - 822.

[178] Lawson S R, Manning R E, Valliere W A, et al. Proactive monitoring and adaptive management of social carrying capacity in Fernando J. Garrigós Simón, Narangajavana Y, Daniel Palacios Marqués. Carrying capacity in the tourism industry: A case study of Hengistbury Head [J]. Tourism Management, 2004, 25 (2): 275 - 283.

[179] Lei per, N. The frameworkof tourism: towards a definition of tourism, tourist, and the tourist industry [J]. Annals of Tourism Research, 1979, 6 (3): 390 - 407.

[180] Marshall A. Principles of economics [M]. Cambridge University Press, 1961 (First published in 1890).

[181] Mckercher B, Cros H. Relationship between tourism and cultural heritage management: evidence from Hong Kong [J]. Tourism Management, 2005, 26 (4): 540 - 541.

[182] Mensah. E. A, Amuquandoh. F. E. Poverty reduction through tourism: Residents' perspectives [J]. Journal of travel and tourism research, 2010, 10

(1/2): 77 -96.

[183] Meyer-Stamer J. Clustering and the Creation of an Innovation-Oriented Environment for Industrial Competitiveness: Experiences from a Comparative Perspective [J]. Stamer, 2002: 1 -21.

[184] Miet Maertens. Supply Chains in Export Agriculture, Competition, and Poverty in Sub-Saharan Africa [J]. European Review of Agricultural Economics, 2011, 38 (4).

[185] Mike Robinson, Jon Pemberton, Kirsten Holmes. Informed choices for tourism? [J]. Tourism Management, 1997, 18 (3): 160 -104.

[186] Mullainathan S, Scharfstein D. Do firm boundaries matter? [J]. American Economic Review. 2001 (5): 195 -199.

[187] Mullins P. Class relations and tourism urbanization: The regeneration of the petite bourgeoisie and the emergence of a new urban form [J]. International Journal of Urban & Regional Research, 1994, 18 (4): 591 -608.

[188] Mullins P. Tourism urbanization [J]. International Journal of Urban & Regional Research, 1991, 15 (3): 326 -342.

[189] O'Reilly A M. Tourism carrying capacity: Concept and issues [J]. Tourism Management, 1986, 7 (4): 254 -258.

[190] Organization W T. Guide for local authorities on developing sustainable tourism [J]. Guide for Local Authorities on Developing Sustainable Tourism, 1998.

[191] Padmore T, Gibson H. Modeling systems of innovation: A Framework for industrial cluster Analysis in regions [J]. Research Policy, 1998 (26): 625 -641.

[192] Park R E, Burgess E W. Introduction to the Science of Sociology [M]. Chicago: University of Chicago Press, 1921.

[193] Porter E. M. Clusters and the New Economics of Competition [J]. Harvard business review, 1998, 76 (6): 77 -90.

[194] Prettenthaler Franz, Köberl Judith, Bird David Neil. 'Weather Value at Risk': A uniform approach to describe and compare sectoral income risks from climate change [J]. The Science of the total environment, 2016, 543 (Pt B).

[195] Privitera D. Factors of development of competitiveness: the case of organic-agritourism. 113th Seminar Belgrade, Serbia, 2009: 159 -169.

[196] Rebecca Torres. Linkages between tourism and agriculture in Mexico [J]. Annals of Tourism Research, 2003, 30 (3).

[197] Reddy A, Madhavi. V. Remediation of chlorpyrifoscontaminated soils by laboratory-synthesized zerovale nano iron particles: effect of ph and aluminium salts [J/OL]. Journal of Chemistry, 2013 [2018 – 12 – 10]. https://doi.org/10.1155/2013/521045.

[198] Rees W E. Ecological Footprints and Appropriated Carrying Capacity: What Urban Economics Leaves Out [J]. Environment and Urbanization, 1992, 4 (2): 121 – 130.

[199] Russo A P. The "vicious circle" of tourism development in heritage cities [J]. Annals of Tourism Research, 2002, 29 (1): 165.

[200] Ryan C. Recreational tourism: a social science perspective [J]. Contemporary Sociology, 1991, 22 (3): 436.

[201] Savage V R, Huang S, Chang T C. The Singapore River thematic zone: Sustainable tourism in an urban context [J]. Geographical Journal, 2004, 170 (3): 212 – 225.

[202] Scherrer, Smith, Dowling. Visitor management practices and operational sustainability: expedition cruising in the Kim-berley, Australia [J]. Tourism management, 2011 (5): 1218 – 1222.

[203] Seidl I, Tisdell C A. Carrying capacity reconsidered: from Malthus' population theory to cultural carrying capacity [J]. Ecological Economics, 1999, 31 (3): 395 – 408.

[204] Sharif A. Dynamic relationship between urbanization, energy consumption and environmental degradation in Pakistan: Evidence from structure break testing [J]. Journal of Management Sciences, 2016, 3 (1): 1 – 21.

[205] Sharon Philip, Colin Hunter, Kirsty Blackstock. A typology for defining agritourism. Tourism Management, 2010 (31): 754 – 758.

[206] Sharply R. Rural Tourism and the Challenge of Tourism Diversification: the Case of Cyprus [J]. Tourism Management, 2002, 23 (3): 233 – 244.

[207] Soundarrajan P, Vivek N. A Study on the Agricultural Value Chain Financing in India [J]. Agric. Econ-Czech, 2015, 61: 31 – 38.

[208] Stephen L J Smith. Recreation Geography: Theory and method [M]. Beijing: Higher Education Press, 1992.

[209] Stephen W. Litvin. Street scape Improvements in a Historic Tourist City-a Second Visit to King Street, Charleston [J]. South Carolina. Tourism Management, 2005, 26 (3): 421 – 429.

[210] Tang Z, Shi C B, Liu Z. Sustainable Development of Tourism Industry in China under the Low-carbon Economy [J]. Energy Procedia, 2011, 5 (none): 1303 – 1307.

[211] TANG Z. An integrated approach to evaluating the coupling coordination between tourism and the environment [J]. Tourism Management, 2015, 46: 11 – 19.

[212] Taylor J P. Authenticity and sincerity in tourism [J]. Annals of Tourism Research 2001, 28 (1): 8 – 9.

[213] Valene L. Smith. Tourism and culture change: A symposium [J]. Annals of Tourism Research, 1976, 3 (3): 125 – 126.

[214] Wackernagel M. Our ecological footprint: reducing human impact on the earth [J]. Population & Environment, 1995, 1 (3): 171 – 174.

[215] Wall G. Wright C. The Environmental Impact of Outdoor Recreation [R]. Ontario: University of Waterloo, 1997.

[216] Williamson O. E. The modern corporation: origins, evolution, attributes [J]. Journal of Economic Literature, 1981 (4): 1537 – 1568.

[217] Williamson, Jeffrey G. Regional Inequality and the Process of National Development: A Description of the Patterns [J]. Economic Development and Cultural Change, 1965, 13 (4, Part 2): 1 – 84.

[218] Wineaster Anderson. Linkages between tourism and agriculture for inclusive development in Tanzania [J]. Journal of Hospitality and Tourism Insights, 2018, 1 (2).

[219] World Commission on Environment and Development. Our Common Future [M]. Oxford: Oxford University Press, 1987.

[220] Yuko Aoyama. The role of consumption and globalization in a cultural industry: The case of flamenco [J]. Geoforum. 2007, 38 (1): 106 – 108.